for baby
knitting and crochet

肌触りのよい糸で編む
かわいい色の
ベビーニット

contents

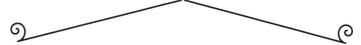

ページ	作品	サイズ
4-5	2つボタンのガーター編みのカーディガン	60cm-70cm / 70cm-80cm
6	カシュクール風ベスト	60cm-70cm
7	1つボタンのシンプルベスト	70cm-80cm
8	セレモニードレス、ボンネット、ソックス	～60cm
9	玉編み模様のベビーシューズ	9cm
10	かぎ針編みのカーディガン	70cm-80cm
11	レッグウォーマー	free フリーサイズ
12-13	ボーダーセーター	80cm-90cm / 70cm-80cm
14	スリーパー	60cm～
15	ブーツ型のベビーシューズ	10cm
16-17	ケーブル模様のベスト	70cm-80cm / 60cm-70cm
18	フードつきケープ	70cm-80cm
19	ヨーク使いのガーター編みのカーディガン	70cm-80cm
20	ポケットつきのカーディガン	70cm-80cm
21	サルエルパンツ	80cm-90cm
22	1つボタンのボンネット	深さ20cm
23	スカート	80cm-90cm
24-25	白いえりつきワンピース	80cm
26	スモック刺しゅうのワンピース	90cm
27	花刺しゅうのボレロ	70cm-80cm
28-29	編み込み模様の帽子＆ミトン	帽子/48cm ミトン/てのひらまわり13.5cm
30	カバーオール＆耳当て帽	カバーオール/70cm-80cm 耳当て帽/47cm
31	ロンパース	60cm-70cm
32-33	どんぐり帽	ベビーネイビー/50cm アップルグリーン/44.5cm
34-35	フードつきジャケット	90cm / 80cm
36	モチーフつなぎのおくるみ	
37	メリー	
38	how to make	
98	基礎テクニック	

【サイズについて】
この本では作品サイズをセンチで表示しています。
同じサイズでも個人差があるので、
あてはまらないこともありますが、月齢と合わせて
編むときの参考にしてください。

身長　　　　月齢
～60cm　……～6カ月
60cm-70cm　……6～12カ月
70cm-80cm　……12～18カ月
80cm-90cm　……18～30カ月

この本の作品はハマナカ ねんね、
ハマナカアミアミ手あみ針を使用しています。
糸、材料については
下記へお問い合わせください。

ハマナカ株式会社
〒616-8585
京都市右京区花園薮ノ下町2番地の3
TEL 075-463-5151（代表）
ハマナカコーポレートサイト
http://www.hamanaka.co.jp
info@hamanaka.co.jp

この本についてのお問い合わせは下記へお願いします。
リトルバード　📞03-5309-2260
受付時間／13:00～17:00
（土日・祝日はお休みです）

BABY KNIT 3

2つボタンの ガーター編みのカーディガン
A / 60cm-70cm

編み物ははじめてというママにも安心して編めるように、
そでぐりなしでまっすぐに編めるようにデザインしました。
ガーター編みは表目だけを往復に編むシンプルな編み地です。

design 岡まり子 making 内海理恵
how to make P.38

B / 70cm-80cm

カシュクール風 ベスト
60cm-70cm

ひも結びでサイズ調整しやすいカシュクール風ベストは
スリムな子にも、ぽっちゃりの子にもおすすめ。
左右のひものつけ位置をかえれば、男の子用も作れます。

design 川路ゆみこ　*making* 穴瀬圭子
how to make P.40

1つボタンの
シンプルベスト
70cm-80cm

元気に動きまわる子には、脱ぎ着がしやすい1つボタンが便利。
前立ても一緒に、表目と裏目の繰り返しで編み、
肩とわきをとじ合わせてでき上がり。

design 横山純子
how to make P.42

セレモニードレス、ボンネット、ソックス
~60cm

お宮参りやはじめての家族写真など、特別な日のために。
清潔感のあるミルク色のセットは、少し編み応えはあるけれど、
生まれてくる赤ちゃんのために、がんばって編んでください。

design 川路ゆみこ　*making* 穴瀬圭子
how to make P.45(セレモニードレス),P.48(ソックス),P.49(ボンネット)

玉編み模様のベビーシューズ
9cm

赤ちゃんに最初にプレゼントしたい、ベビーシューズ。
ふっくらとした玉編み模様が愛らしい。

design 野口智子
how to make P.44

かぎ針編みの カーディガン
70cm-80cm

かぎ針編みのカーディガンって少し難しそうに見えるけれど、
長編みの方眼編みは編みやすい模様です。
最後に縁編みを編み、形をしっかりと整えます。

design 河合真弓　　*making* 沖田喜美子
how to make P.50

体温調整はもちろん、
転んだときにも痛くないように、
レッグウォーマーは
必須アイテム。
くるくると輪に編むだけだから
編み方もかんたんです。

design 野口智子
how to make P.53

レッグウォーマー
free
（フリーサイズ）

ボーダーセーター
A / 80cm-90cm

ボーダーの数を増やすことで、サイズも大きく作れます。
長く着られるように少し大きめに編んで、
そで口をロールアップして着てもよいでしょう。

design 横山純子
how to make **P.54**

B / 70cm-80cm

スリーパー
60cm〜

赤ちゃんのお昼寝タイムには
寝袋のようにすっぽり入るスリーパーがおすすめ。
お布団を蹴飛ばしてしまう元気な赤ちゃんも
寝冷えをすることなく安心です。

design 岡まり子　*making* 水野順
how to make P.56

ブーツ型の ベビーシューズ 10cm

ハイハイやだっこをしたときに見える
靴底の色がおしゃれなデザイン。
ボタンの色と合わせて、好きな色で編みましょう。

design 岡まり子
how to make P.62

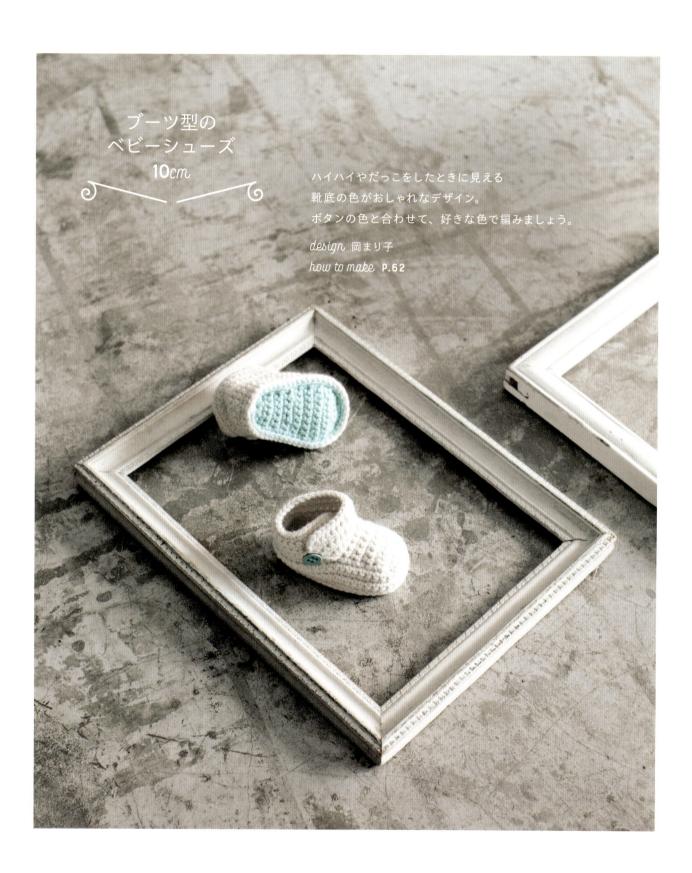

ケーブル模様のベスト
A / 70cm-80cm

前後身ごろと前立てを続けて編み、
そでぐりから分けて肩まで編みます。
色をかえて、お兄ちゃんと
お揃いで作ってあげましょう。

design 風工房
how to make P.58

B / 60cm-70cm

フードの縁まわりに続く
ケーブル模様がおしゃれなデザイン。
お出かけのときにも着せやすく、長く着られる1枚です。

design 岡まり子　*making* 内海理恵
how to make P.63

フードつきケープ
70cm-80cm

ヨーク使いの
ガーター編みのカーディガン
70cm-80cm

前後身ごろを続けて編み、ヨーク部分は
ラグランそでのように斜めに減らしながら編みます。
ミルク色のトリミングがすっきりとした印象です。

design 風工房
how to make P.66

ポケットつきの カーディガン
70cm-80cm

爽やかなソーダ色のカーディガンはシンプルなメリヤス編みに、すそとそで口にはさりげない編み込み模様を入れました。
小さなポケットはあとから編んでとじつけます。

design 風工房
how to make P.68

サルエルパンツ
80cm-90cm

3色の組み合わせをかえて2本ずつ引き揃え、ボーダーに編みます。
ウエストゴムだから着がえもかんたん。
かわいさはもちろん、動きやすくて実用的なパンツです。

design 野口智子
how to make P.70

1つボタンのボンネット

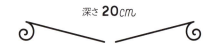

深さ **20**cm

まるで童話の中の赤ずきんちゃんのようなボンネット。
ボタンでとめるベルトは、伸縮性のあるガーター編みで、
赤ちゃんに優しいデザインです。

design 岡まり子
how to make P.71

スカート
80cm - 90cm

すその模様編みからメリヤス編みでまっすぐに編み、
ベルトの手前で一度に目を減らすことで
ゆるやかなギャザーのシルエットに。
肩ひものボタン穴の位置をかえれば
着丈の調整ができます。

design 河合真弓 *making* 合田フサ子
how to make P.72

白いえりつき
ワンピース
80cm
A(グレープ) / B(ベビーネイビー)

ミルク色のえりと、縁編みの
ピコット使いが上品なイメージのワンピースは、
スカート部分の段数をかえることで、
着丈の調整ができます。

design 河合真弓　*making* 合田フサ子
how to make P.74

すっきりとしたシルエットのワンピースは
ヨークにスモック刺しゅうを施しました。
後ろあきのボタン使いも愛らしいデザインです。

design 河合真弓　*making* 堀口みゆき
how to make P.78

スモック刺しゅうのワンピース
90cm

花刺しゅうのボレロ
70cm-80cm

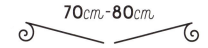

小さな透かし模様に花の刺しゅうをあしらった
清楚なボレロはママの愛情がいっぱいです。
スペシャルな日のお出かけにぜひ編んであげたい1枚です。

design 河合真弓　*making* 堀口みゆき
how to make P.80

編み込み模様の帽子&ミトン

帽子 /48cm
ミトン / てのひらまわり 13.5cm

お出かけのおしゃれアイテムに最適な帽子とミトンのセット。
小さなフレームの中に7色のバランスが絶妙です。
多色使いは自信がないという方は、
2色使いから挑戦してみましょう。

design すぎやまとも
how to make P.82(帽子),P.83(ミトン)

カバーオール&耳当て帽

カバーオール /**70cm - 80cm**　耳当て帽 /**47cm**

寒い日のお出かけには耳当て帽とセットになった
カバーオールを着せてあげましょう。
2色の糸を引き揃えて編むことで、早く編めて、
ニュアンスのある編み地になりました。

design 河合真弓　*making* 合田フサ子
how to make P.84（カバーオール）, P.87（耳当て帽）

ロンパース
60cm-70cm

ねんねの赤ちゃんに着せやすく、おむつがえも楽なように、
肩と股下はボタン使いになっています。
やわらかい肌触りで赤ちゃんもごきげんです。

design 横山純子
how to make P.88

どんぐり帽

A（ベビーネイビー）/ 50cm
B（アップルグリーン）/ 44.5cm

かぎ針編みのどんぐり帽は、
引き上げ編みを使って立体的な模様に。
トップにつけた大きなボンボンがアクセントになっています。

design すぎやまとも
how to make P.90

ちょこんととび出たシルエットは
上から見ても
可愛さは抜群です。
小さいからすぐに編めるので
色をかえて編んであげましょう。

フードつき
ジャケット
A / 90cm

すくすくと成長する赤ちゃんが
少しでも長く着られるように、ゆったりサイズに。
内側にもボタンがついているので、
前合わせは男の子用にも、女の子用にもかえられます。

design 横山純子
how to make P.92

B / 80cm

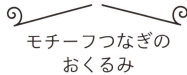

モチーフつなぎの
おくるみ

お出かけのときに1枚あると便利なおくるみ。
お昼寝のときや少し肌寒いときに、優しく包んであげましょう。

design 河合真弓　*making* 沖田喜美子
how to make P.96

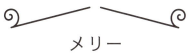

メリー

赤ちゃんのはじめてのおもちゃに最適なメリーは、
うさぎ、くま、花、ボンボンと楽しいモチーフを組み合わせて。
輪っかはバッグの持ち手を使って作りました。

design 岡まり子
how to make P.95

2つボタンのガーター編みのカーディガン P.4-5

糸 † ハマナカ ねんね (30g玉巻)
　　A グレープ (10) 90g
　　B バニラ (2) 95g
針 † ハマナカアミアミ5号玉付2本棒針
その他 † 直径1.8cmのボタン 2個
ゲージ † ガーター編み 24目44段=10cm角
　　　　　メリヤス編み 24目33段=10cm角
サイズ † A 胸囲57cm　着丈28cm　ゆき32cm
　　　　　B 胸囲61cm　着丈31cm　ゆき35cm

編み方 † 糸は1本どりで編みます。

1 後ろ身ごろは、一般的な作り目でA68目、B72目作り目し、ガーター編みで編んで編み終わりは目を休めます。

2 左右前身ごろは、一般的な作り目でA39目、B41目作り目し、後ろ身ごろと同様に編みますが、左前身ごろにはボタン穴をあけて編みます。

3 肩を中表に合わせ、かぶせ引き抜きはざします。

4 そでは、前後身ごろと肩のはぎから65目拾い目し、メリヤス編みで減らしながら編みます。続けて、ガーター編みで増減なく編んで伏せ止めます。

5 えりぐりから目を拾い、ガーター編みで編みますが、前えり端1段めでボタン穴をあけて編みます。編み終わりを伏せ止めます。

6 わき、そで下をすくいとじします。ボタンをつけます。

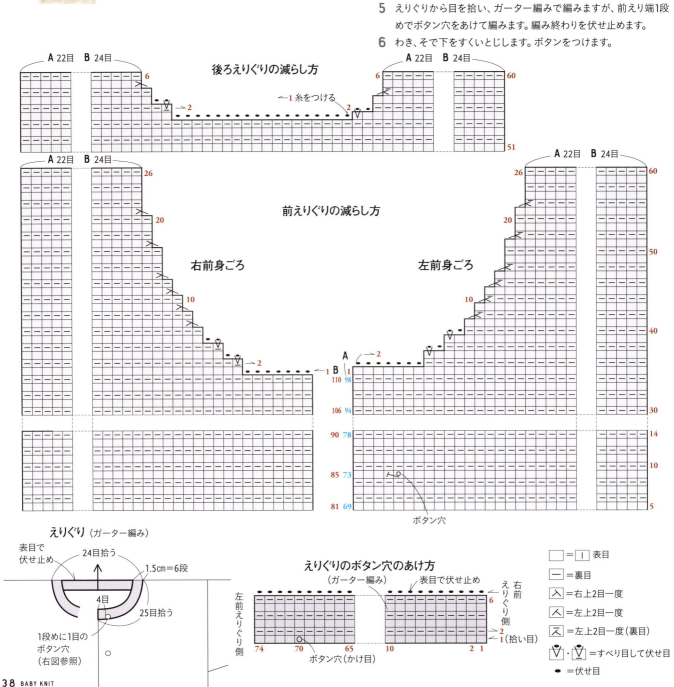

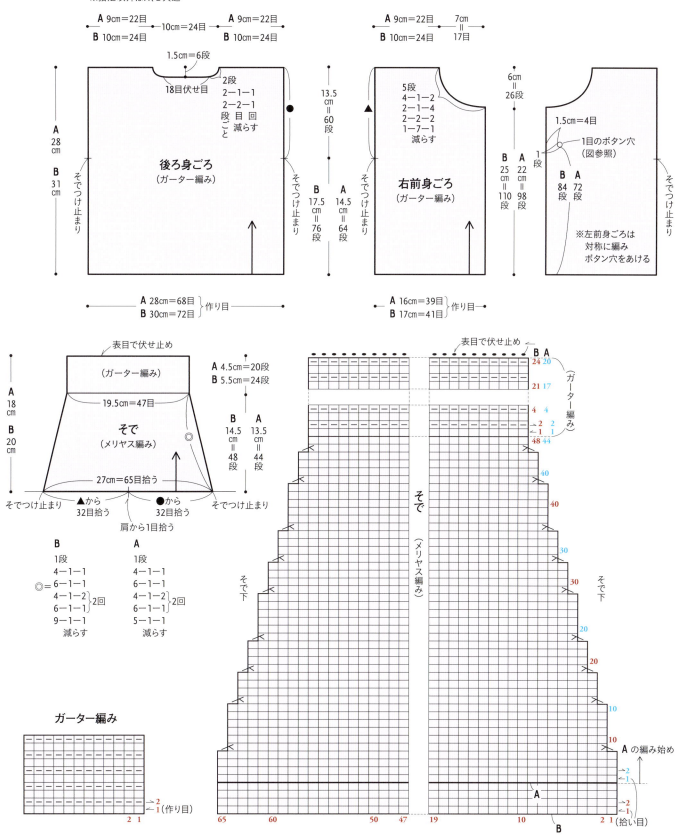

カシュクール風ベスト P.6

糸 † ハマナカ ねんね（30g玉巻）
　　ピーチ（5）45g　ミルク（1）15g
針 † ハマナカアミアミ4号玉付2本棒針
　　ハマナカアミアミ両かぎ針ラクラク4/0号
ゲージ † 模様編み①・② 24目35段＝10cm角
サイズ † 胸囲フリーサイズ　着丈27cm

編み方 † 糸は1本どりで、指定の色で編みます。前後身ごろは棒針、縁編みとひもはかぎ針で編みます。

1. 後ろ身ごろは、一般的な作り目で67目作り目し、模様編み①で24段、模様編み②で18段増減なく編みます。続けて、模様編み②で図のように減らしながら48段編んで目を休めます。
2. 前身ごろも同様に51目作り目し、模様編み①で24段、模様編み②で16段増減なく編みます。続けて、模様編み②で図のように減らしながら50段編みます。
3. 肩を中表に合わせ、かぶせ引き抜きはぎします。
4. わきをすくいとじします。
5. 前後身ごろから目を拾い、前端・えりぐり・すそに縁編みを編みます。そでぐりから目を拾い、縁編みを編みます。
6. ひもa、bを各2本編み、残しておいた糸端で指定の位置につけます。

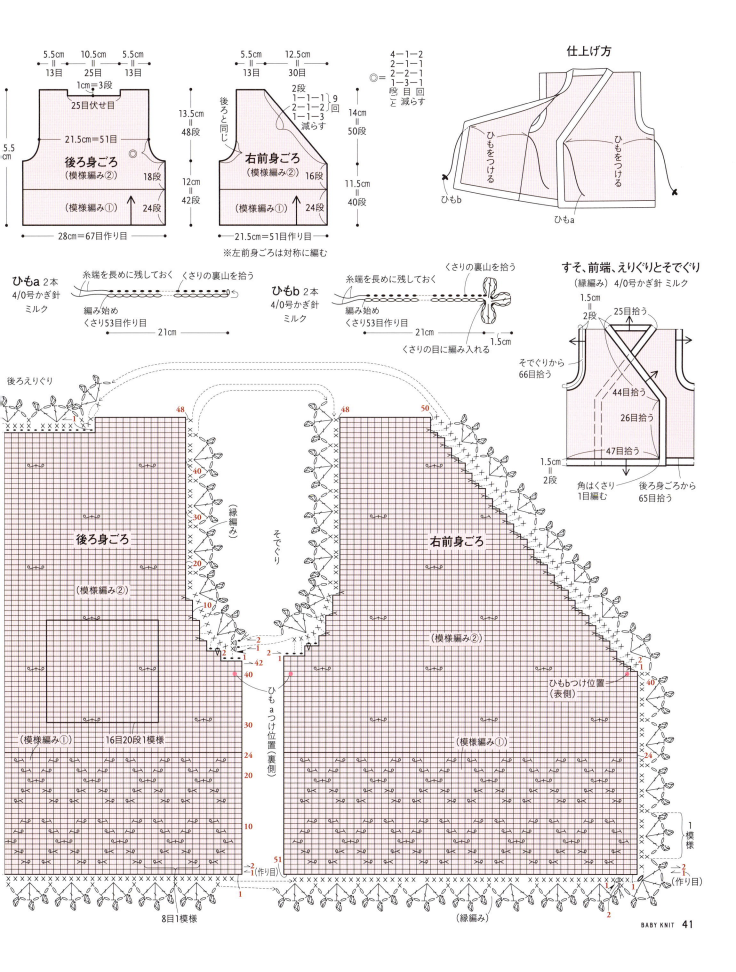

1つボタンのシンプルベスト　P.7

糸 ✝ ハマナカ ねんね（30g玉巻）
　　バニラ（2）55g
針 ✝ ハマナカアミアミ4号玉付2本棒針、
　　4号4本棒針
　　ハマナカアミアミ両かぎ針ラクラク2/0号
その他 ✝ 1.3cm角のボタン 1個
ゲージ ✝ 模様編み　23目40段＝10cm角
サイズ ✝ 胴囲59.5cm　着丈28.5cm　背肩幅23cm

編み方 ✝ 糸は1本どりで、ボタンループはかぎ針で、それ以外は棒針で編みます。

1　後ろ身ごろは、一般的な作り目で67目作り目し、ガーター編みと模様編みで図のように編み、編み終わりは目を休めます。
2　前身ごろは、一般的な作り目で38目作り目し、ガーター編みと模様編みで編みますが、前立てのえりぐり部分は端5目立てて減らしながら編みます。編み終わりは、ガーター編み部分のみ伏せ止め、模様編み部分は目を休めます。
3　後ろえりぐりから目を拾い、後ろえりをガーター編みで往復に編み、編み終わりを伏せ止めます。
4　肩をかぶせ引き抜きはぎ、前立てと後ろえりぐりを目と段のはぎではぎ合わせます。わきをすくいとじします。
5　そでぐりから目を拾い、ガーター編みで輪に編み、編み終わりを伏せ止めます。
6　左前立てにボタンループを編みつけます。
7　ボタンをつけます。

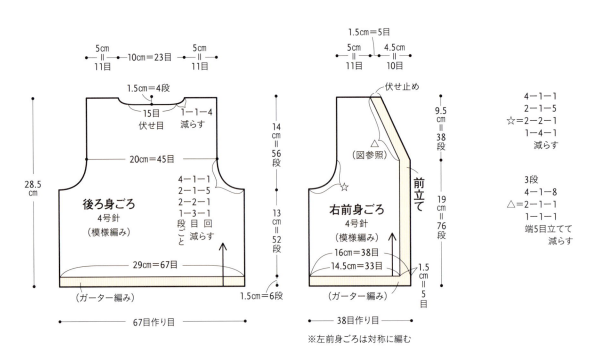

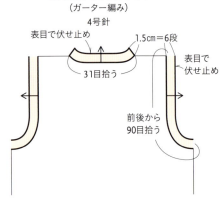

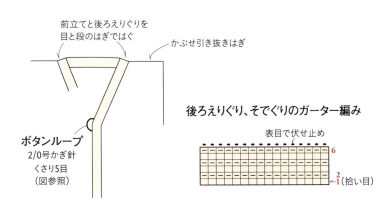

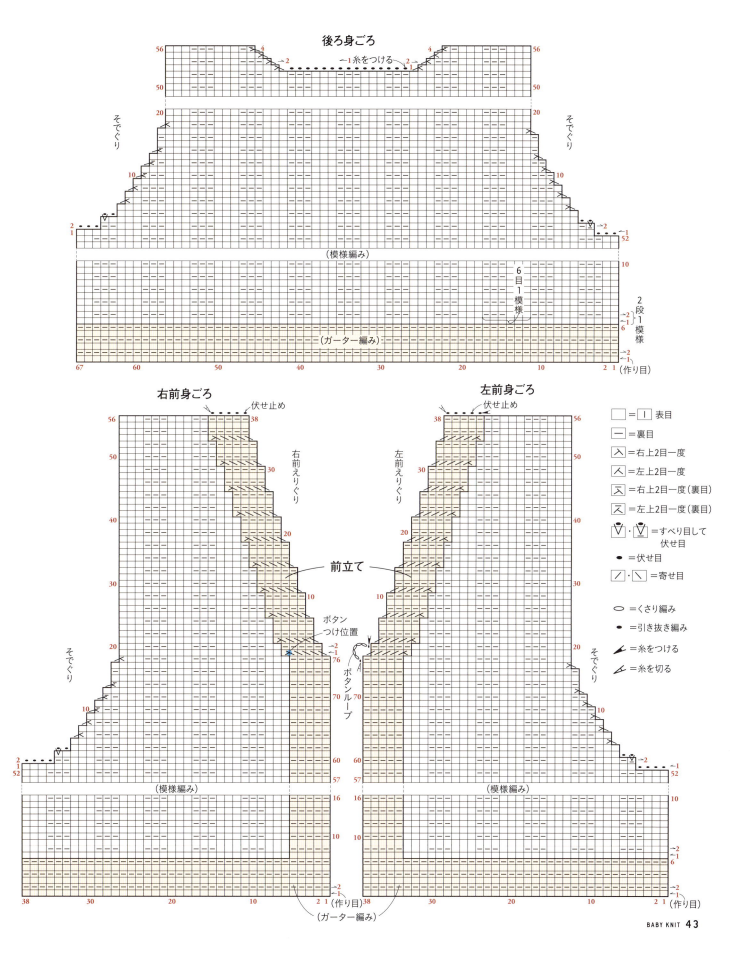

玉編み模様のベビーシューズ P.9

左 / 右

糸 † ハマナカ ねんね (30g玉巻) 15g
　　　左　グレープ (10)
　　　右　セサミ (11)
針 † ハマナカアミアミ両かぎ針ラクラク4/0号
その他 † 直径9mmのボタン 2個
ゲージ † 中長編み　4段=2.5cm
　　　　模様編み　5段=3.5cm
サイズ † 足のサイズ9cm

編み方 † 糸は1本どりで編みます。

1. 底は、くさり17目作り目し、作り目の両側から36目拾い目して中長編みで図のように増しながら4段編みます。
2. 続けて、側面を模様編みで図のように減らしながら5段編みます。
3. もう片方も同様に底と側面を編みます。
4. 指定の位置に糸をつけて3目拾い、こま編みでストラップを編みます。
5. ボタンをつけます。

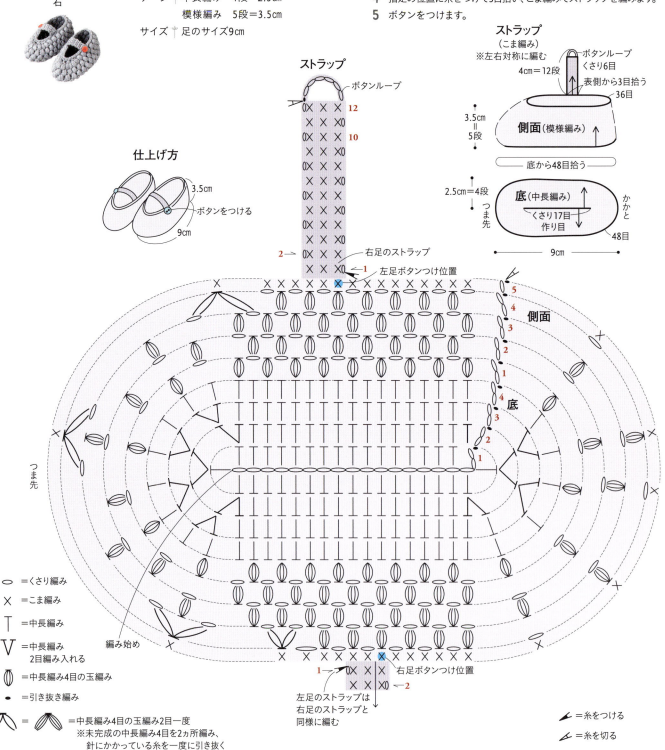

セレモニードレス P.8

糸 † ハマナカ ねんね (30g玉巻)
　　ミルク(1)　165g
針 † ハマナカアミアミ4号玉付2本棒針
　　ハマナカアミアミ両かぎ針ラクラク4/0号
その他 † 直径1.1cmのボタン 10個
　　　　ゴムシミン糸 80cm
ゲージ † 模様編み・メリヤス編み
　　　　24目34段＝10cm角
サイズ † 胸囲53.5cm　着丈53cm
　　　　背肩幅20cm　そで丈22cm

編み方 † 糸は1本どりで、縁編み、ブレードはかぎ針、それ以外は棒針で編みます。

1. 後ろスカートは、一般的な作り目で117目作り目し、模様編みで120段編みます。続けて、後ろ身ごろをメリヤス編みで編みますが1段目で目を減らしながら編みます。
2. 前スカートは、一般的な作り目で58目作り目し、後ろスカートと同様に編み、続けて前身ごろも同様に編みます。
3. そでは、一般的な作り目で55目作り目し、模様編みで編みます。
4. 肩を中表に合わせ、かぶせ引き抜きはぎし、わきとそで下をすくいとじします。そでを引き抜きとじでつけます。
5. すそに縁編みa、えりぐり、そで口に縁編みbを編みます。
6. 前立てを縁編みcで編みますが、右前立てにはボタン穴をあけて編みます。
7. ブレードを編み、指定の位置にとじつけます。そで口にゴムシミン糸を通し、ボタンをつけます。

□ = | 表目
− = 裏目
入 = 右上2目一度
人 = 左上2目一度
○ = かけ目
木 = 左上3目一度
● = 伏せ目
V = すべり目して伏せ目

※かぎ針編みの記号図凡例はP.46参照

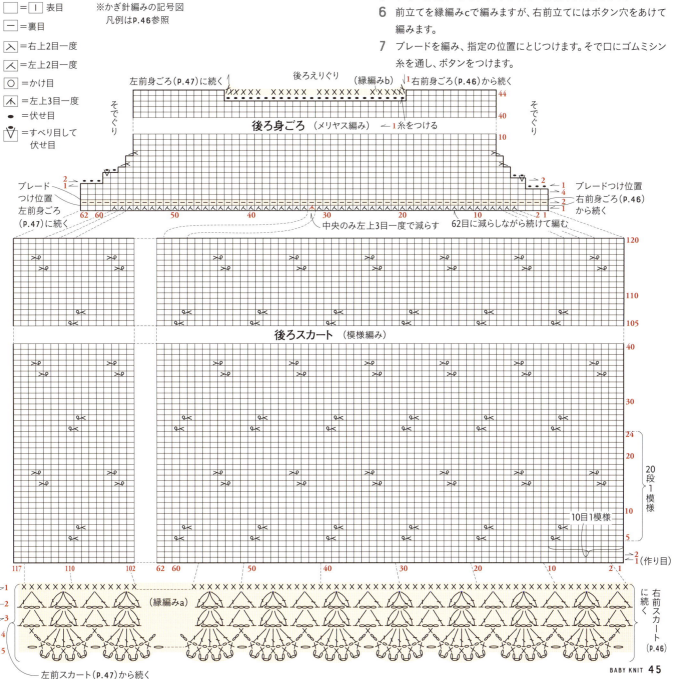

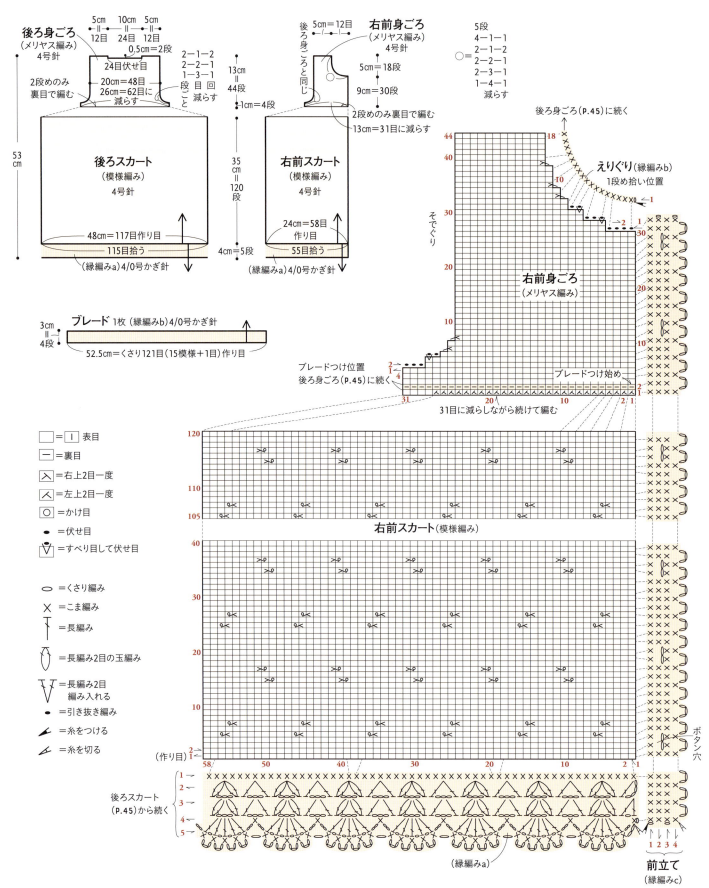

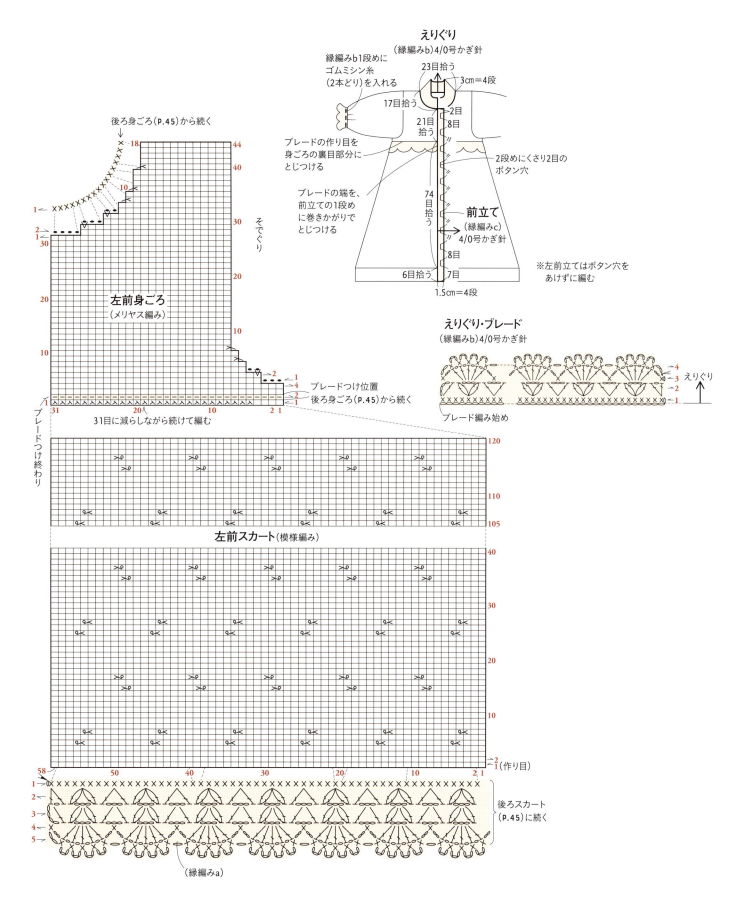

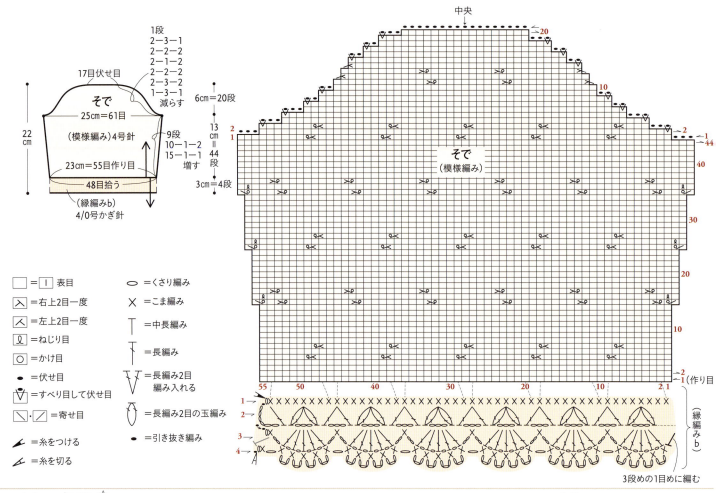

ソックス P.8

糸 † ハマナカ ねんね（30g玉巻）
　　ミルク（1）10g
針 † ハマナカアミアミくつした針4号
　　ハマナカアミアミ両かぎ針
　　ラクラク4/0号
ゲージ † メリヤス編み
　　24目34段＝10cm角
サイズ † 足のサイズ9cm

編み方 † 糸は1本どりで、本体を棒針、縁編みb
をかぎ針で編みます。

1　一般的な作り目で26目作り目して輪にし、メリヤス編みで14段輪に編みます。

2　◇を休み目にし、かかと部分は目を減らしながら往復に6段編みます。

3　減らし目から目を拾いながら（P.53参照）、さらに6段往復に編みます。

4　底側と甲側の◇を続けて目を拾い、輪に20段編みます。つま先側で目を減らしながら6段編みます。残った目をメリヤスはぎします。

5　作り目から目を拾い、縁編みbで輪に編みます。

6　同様にもう1枚編みます。

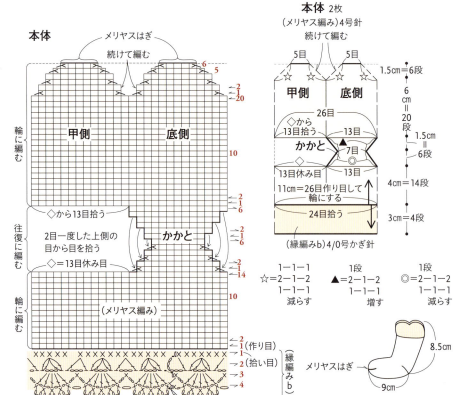

48 BABY KNIT

ボンネット P.8

糸 ｜ ハマナカ ねんね（30g玉巻）
　　ミルク（1）25g
針 ｜ ハマナカアミアミ4号玉付2本棒針
　　ハマナカアミアミ両かぎ針ラクラク4/0号
ゲージ ｜ 模様編み　24目34段＝10cm角
サイズ ｜ 図参照

編み方 ｜ 糸は1本どりで、縁編み、ひもはかぎ針で、それ以外は棒針で編みます。

1 本体は一般的な作り目で87目作り目し、模様編みで図のように編みます。
2 合印（△、▲）を合わせて、目と段のはぎにします。
3 本体から目を拾い、首まわりに縁編みdを編みます。
4 作り目から目を拾い、顔まわりに縁編みbを編みます。
5 ひもを編み、指定の位置に通します。

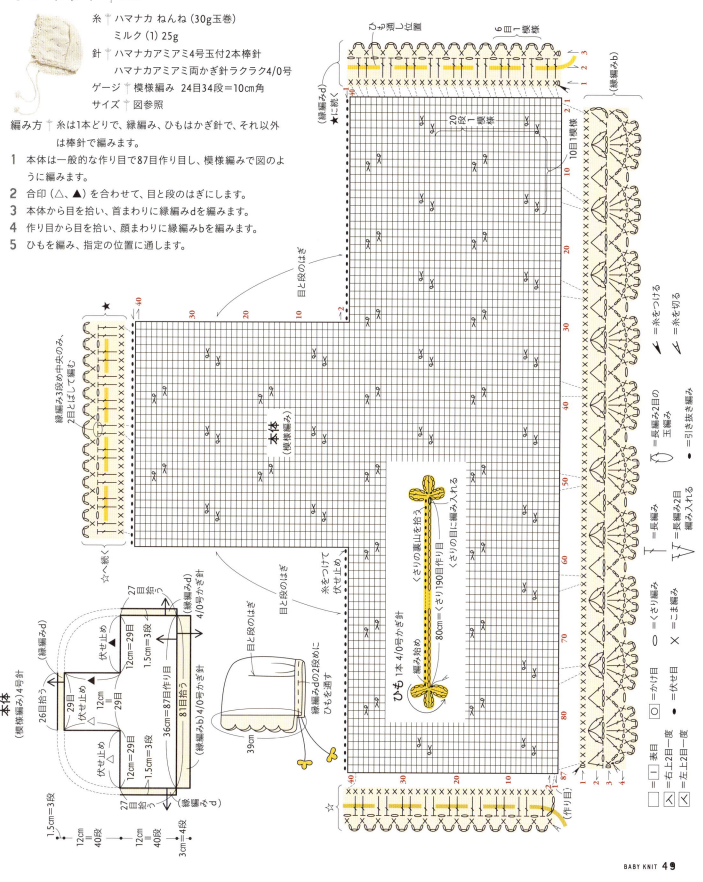

かぎ針編みのカーディガン P.10

糸 † ハマナカ ねんね（30g玉巻）
　　レモン（4）135g
針 † ハマナカアミアミ両かぎ針ラクラク4/0号
その他 † 直径1.3cmのボタン 6個
ゲージ † 模様編み　29目12段＝10cm角
サイズ † 胸囲62cm　着丈32.5cm　ゆき35cm

編み方 † 糸は1本どりで編みます。
1. 後ろ身ごろは、くさり89目作り目し、模様編みで編みます。
2. 前身ごろは、くさり43目作り目し、模様編みで左右前身ごろを対称に編みます。
3. そでは、くさり49目作り目し、模様編みで目を増しながら編みます。
4. 肩を外表に合わせ、全目の巻きかがりではぎます。
5. そでと身ごろをくさりとじ（くさり2目と引き抜き編み P.51参照）し、合印（▲・●）を合わせて全目の巻きかがりではぎます。

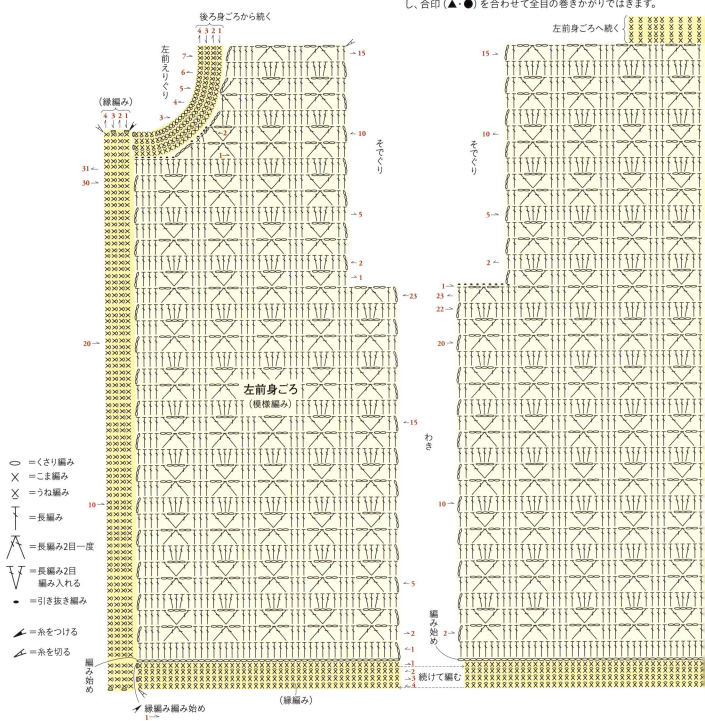

6 わき、そで下も同様にくさりとじします。
7 すそ、えりぐり、そで口からそれぞれ目を拾い、縁編みを編みます。
8 前立てに縁編みを編みますが、上前はボタン穴をあけて編みます。
9 ボタンをつけます。

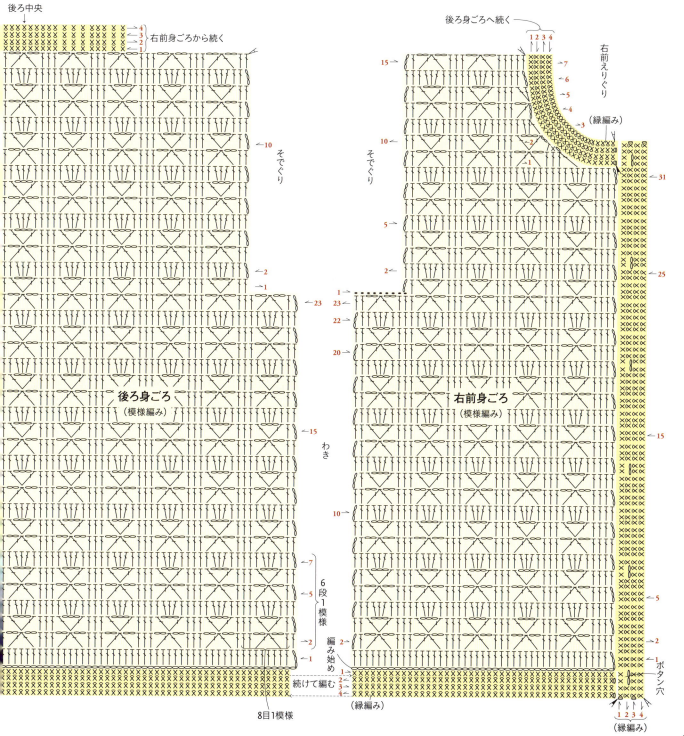

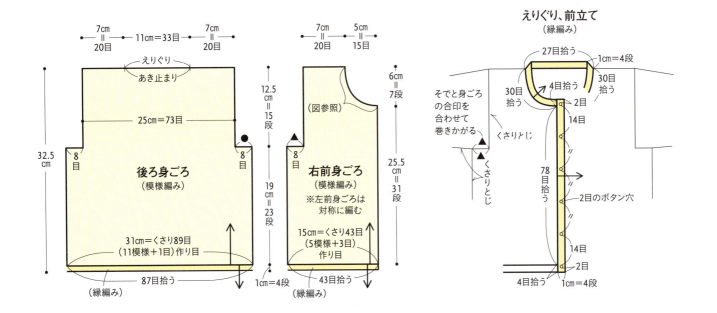

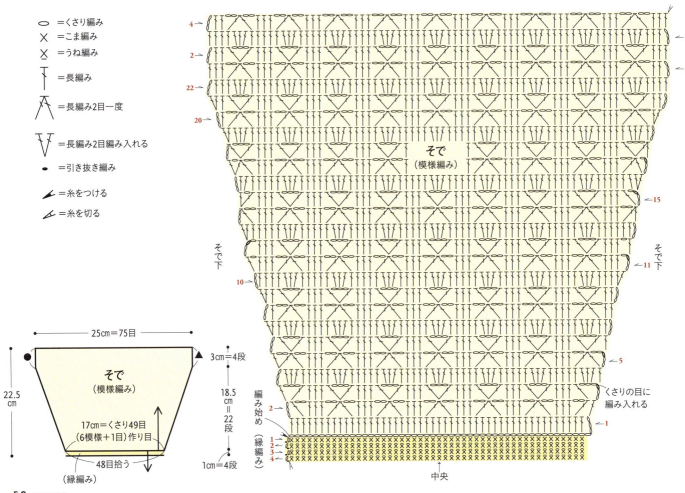

レッグウォーマー　P.11

糸 † ハマナカ ねんね（30g玉巻）
　　　ミルク（1）、レモン（4）各25g
針 † ハマナカアミアミ6号短5本棒針
ゲージ † 模様編み　26.5目31.5段＝10cm角
サイズ † 筒まわり18cm　丈20cm

編み方 † 糸はミルクとレモン各1本ずつの2本どりで編みます。

1　一般的な作り目で48目作り目して輪にし、1目ゴム編みで10段編み、続けて模様編みで44段編みます。さらに続けて、1目ゴム編みで10段編んで編み終わりを前段と同じ記号で伏せ止めます。
2　同様にもう1枚編みます。

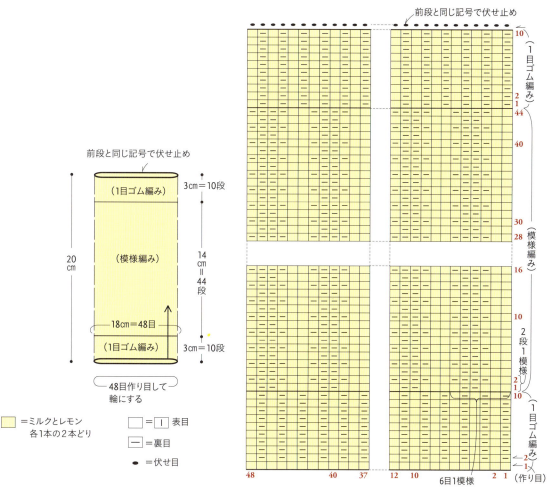

P.48　ソックス

かかと部分の目の拾い方

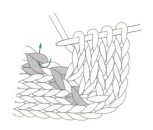

2目一度した上側の目から目を拾う

ボーダーセーター P.12-13

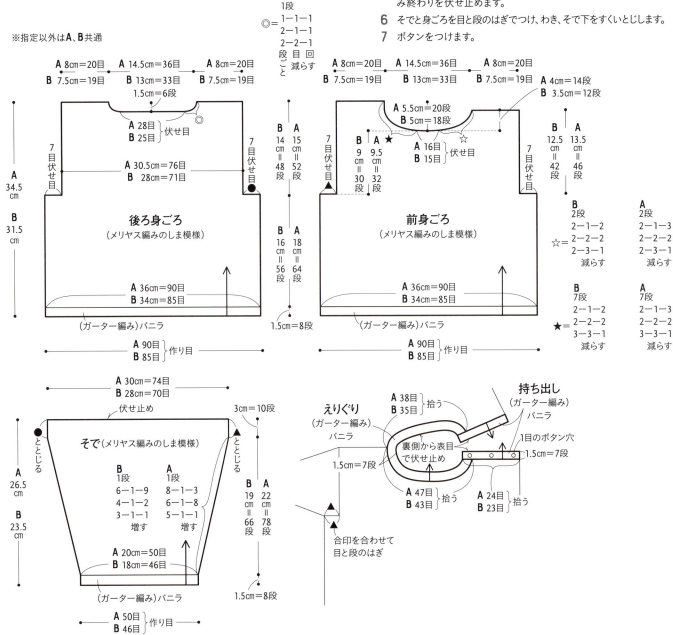

糸 ✝ ハマナカ ねんね（30g玉巻）
　A アップルグリーン（9） 60g
　　バニラ（2） 55g
　B バニラ（2） 50g
　　チェリー（6） 45g
針 ✝ ハマナカアミアミ4号玉付2本棒針
その他 ✝ 直径1.3cmのボタン 3個
ゲージ ✝ メリヤス編みのしま模様
　　25目35段=10cm角
サイズ ✝ A 胸囲72cm　着丈34.5cm　ゆき 約41.5cm
　　　　B 胸囲68cm　着丈31.5cm　ゆき 37.5cm

編み方 ✝ 糸は1本どりで、指定の色で編みます。

1. 前後身ごろは、一般的な作り目でA90目、B85目作り目し、ガーター編みと、メリヤス編みのしま模様で編みます。編み終わりは目を休めます。
2. 右肩を中表に合わせ、かぶせ引き抜きはぎします。
3. えりぐりから目を拾い、ガーター編みで編んで編み終わりを伏せ止めます。
4. 持ち出しは、前後身ごろ、えりぐりからそれぞれ目を拾い、ガーター編みで編みますが、前はボタン穴をあけて編みます。編み終わりを伏せ止めます。
5. そでは、一般的な作り目でA50目、B46目作り目し、ガーター編みと、メリヤス編みのしま模様で図のように増しながら編み、編み終わりを伏せ止めます。
6. そでと身ごろを目と段のはぎでつけ、わき、そで下をすくいとじします。
7. ボタンをつけます。

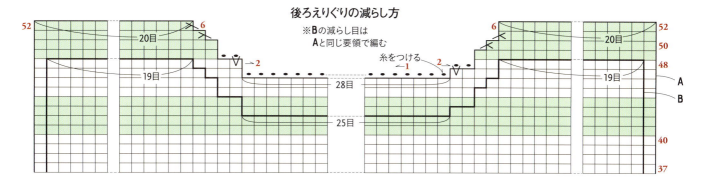
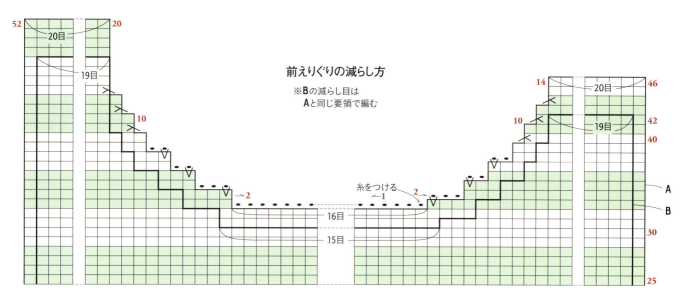
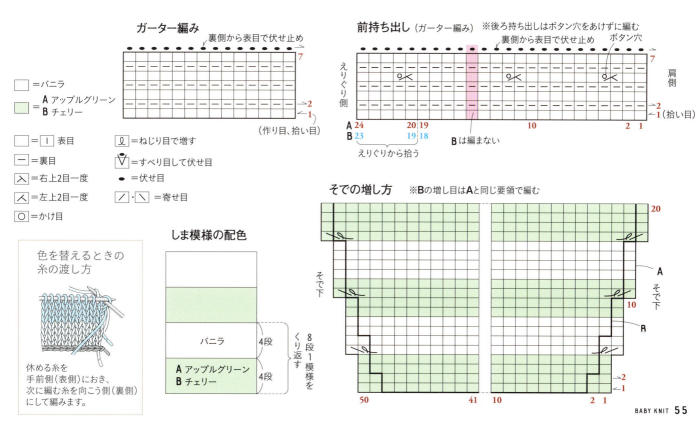

スリーパー P.14

糸 † ハマナカ ねんね (30g玉巻)
　　バニラ (2) 95g
　　ソーダ (7)、セサミ (11) 各50g
針 † ハマナカアミアミ9号玉付2本棒針
　　ハマナカアミアミ両かぎ針ラクラク7/0号
その他 † 直径2.8cmのボタン 2個
ゲージ † 模様編みのしま模様
　　17.5目33段＝10cm角
　　1目ゴム編み 18.5目26段＝10cm角
サイズ † 胸囲60cm 着丈55cm 背肩幅22cm

編み方 † 糸は同色の2本どりで、指定の色で編みます。

1. 前後身ごろは、あとでほどく作り目で63目作り目し、模様編みのしま模様で両端1目内側で減らしながら編みます。
2. 続けて、1目ゴム編みで図のように編んで編み終わりを伏せ止めますが、後ろ身ごろにはボタン穴をあけて編みます。前身ごろは、後ろ身ごろと同様に編みますが、えりぐり ━ 部分は表目で編みます。
3. すそは、作り目をほどいて62目拾い目し、2目ゴム編みで増減なく編んで編み終わりを伏せ止めます。
4. わきをすくいとじし、そでぐり、肩、えりぐりから目を拾い、こま編みを1周編みます。
5. ボタンをつけます。

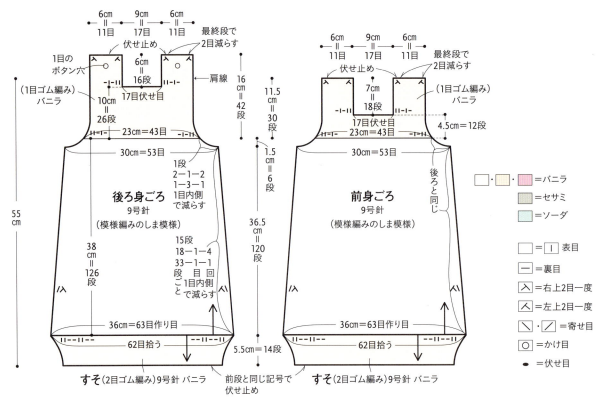

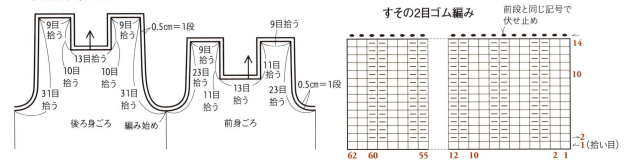

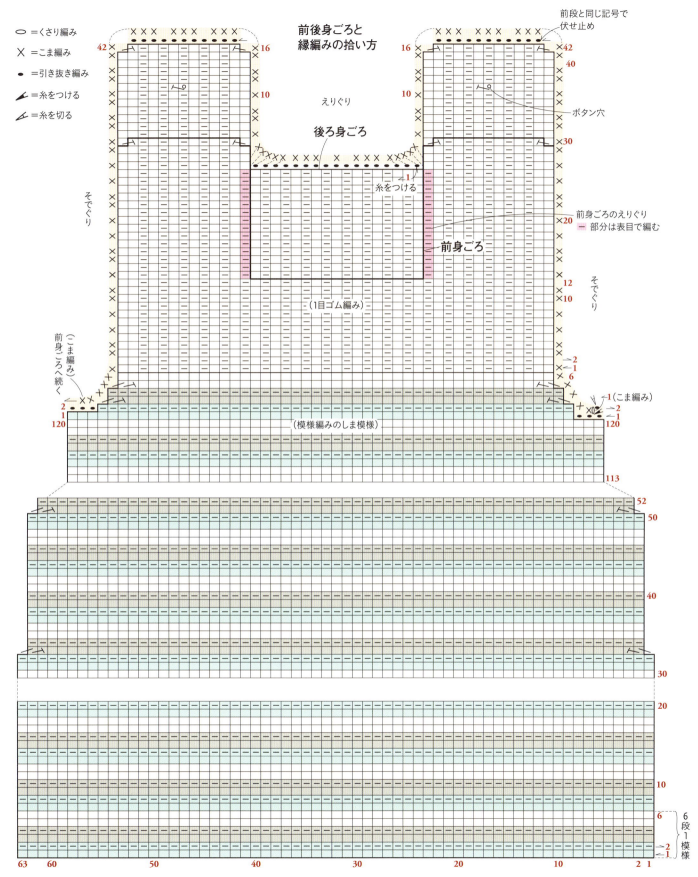

ケーブル模様のベスト P.16-17

糸 † ハマナカ ねんね (30g玉巻)
　A バニラ (2) 50g
　B セサミ (11) 45g
針 † ハマナカアミアミ4号、3号玉付2本棒針
その他 † 直径1.5cmのボタン 4個
ゲージ † メリヤス編み　28.5目36.5段=10cm角
　　　　　模様編み　6目=1.5cm、36.5段=10cm
サイズ † A 胸囲57.5cm　着丈29.5cm
　　　　　　背肩幅20.5cm
　　　　　B 胸囲51.5cm　着丈26.5cm
　　　　　　背肩幅17.5cm

編み方 † 糸は1本どりで編みます。

1. 一般的な作り目でA178目、B162目作り目し、ガーター編み、2目ゴム編みで左前端にボタン穴をあけながら3号針で10段、前後身ごろを続けて編みます。
2. 4号針にかえ、ガーター編み、メリヤス編み、模様編みで左前端にボタン穴をあけながらわき丈まで編みますが、そでぐり部分はガーター編みの内側で目を減らします。
3. 前後身ごろをそれぞれ分けて肩まで編み、編み終わりは目を休めます。
4. 肩を中表に合わせ、かぶせ引き抜きはぎし、続けて、えりあき止まりを伏せ止めます。
5. ボタンをつけます。

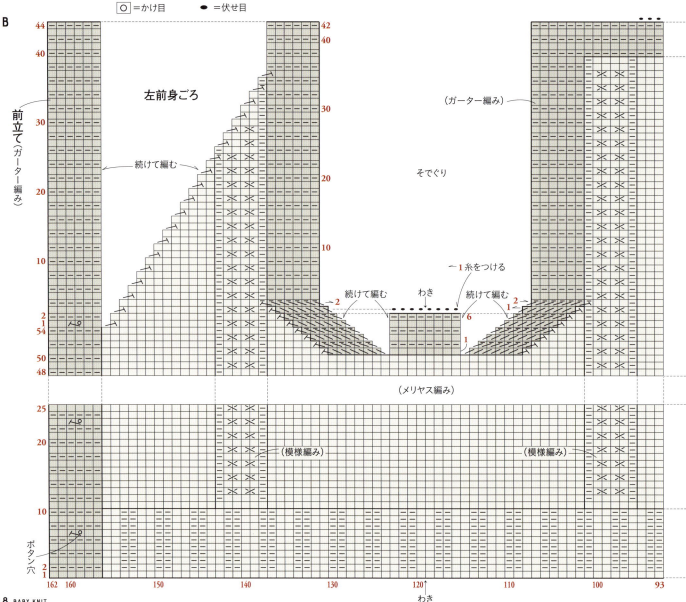

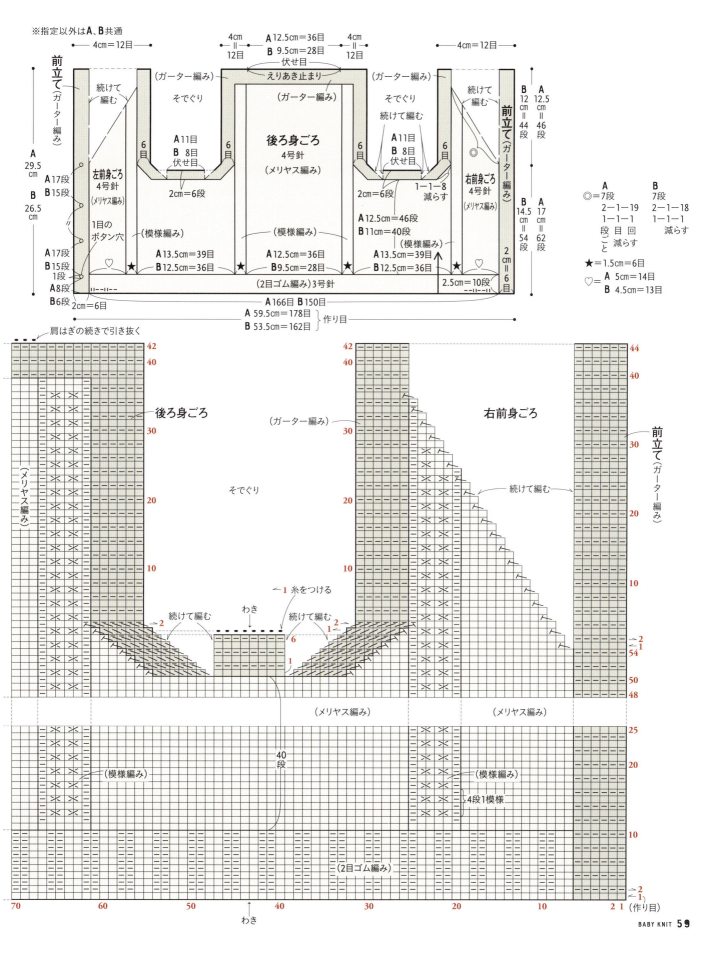

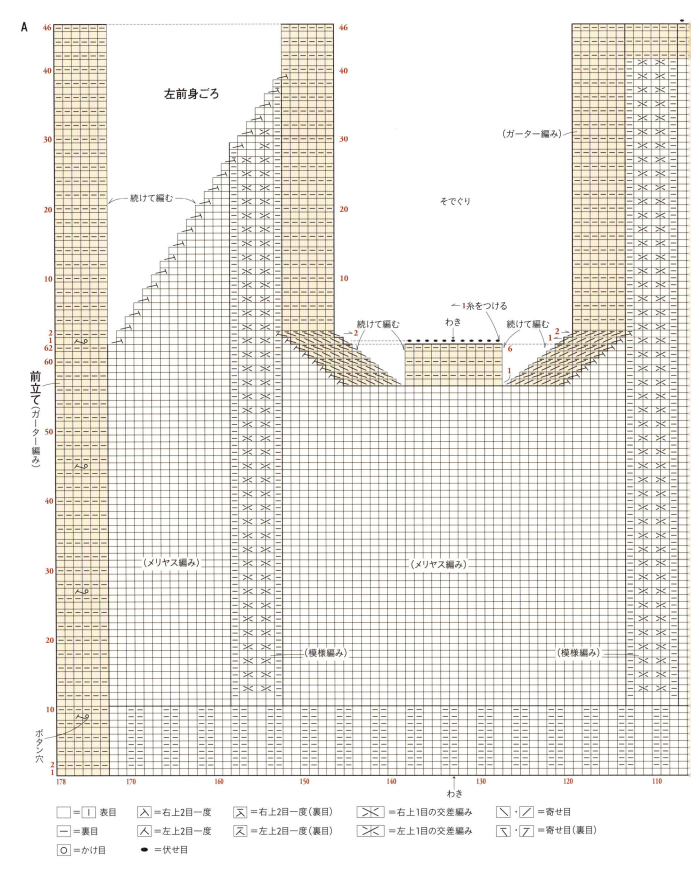

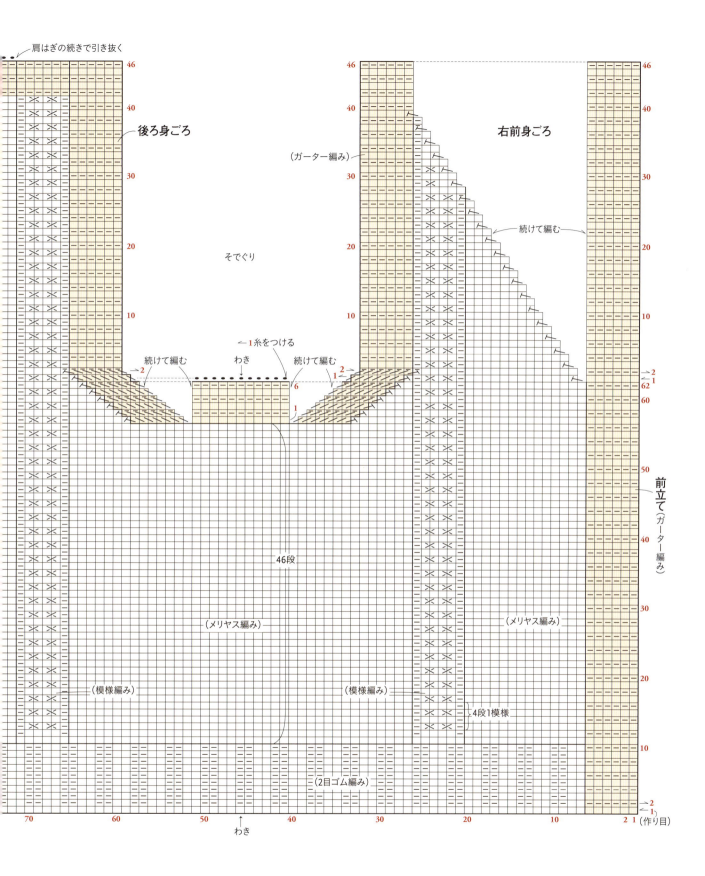

ブーツ型のベビーシューズ P.15

糸 † ハマナカ ねんね（30g玉巻）
　　バニラ（2）30g　ソーダ（7）10g
針 † ハマナカアミアミ両かぎ針ラクラク7/0号
その他 † 直径1.5cmのボタン 2個
ゲージ † こま編み　10目＝5cm、18段＝9cm
サイズ † 足のサイズ10cm

編み方 † 糸は2本どりで、底をソーダ、それ以外をバニラで編みます。

1. 底は、くさり4目作り目し、こま編みで18段編みます。続けて、周囲から目を拾い、こま編みで1段編みます。
2. 甲は、くさり6目作り目し、こま編みで8段編みます。続けて、くさり24目作り目して、8段めに引き抜きます。
3. 側面は、②のくさり中央に糸をつけ、くさりと甲から48目拾い目してこま編みで往復で輪に6段編みます。7段めは側面と底の合印（★）を外表に合わせて一緒に目を拾い、引き抜き編みでつなぎます。
4. 左右はき口は、②のくさりと甲（◎）から目を拾い、こま編みで7段編みますが、7段めでボタンループを作りながら編みます。
5. ボタンをつけます。

○ ＝くさり編み
× ＝こま編み
V ＝ こま編み2目編み入れる
∧ ＝ こま編み2目一度
• ＝引き抜き編み

□ • ＝ソーダ2本どり
□ • ＝バニラ2本どり

↗ ＝糸をつける
↘ ＝糸を切る

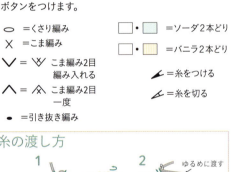

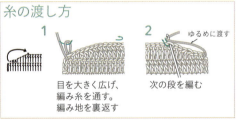

糸の渡し方

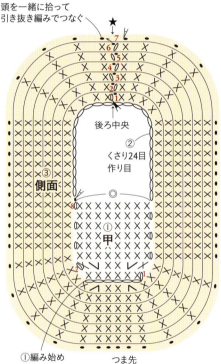

左足
※甲、側面、はき口は①〜④の順に編む
※右足のはき口は対称に編む

左足はき口（こま編み）

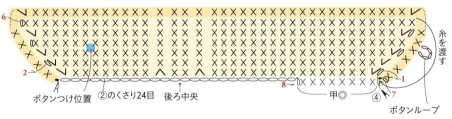

右足はき口（こま編み）

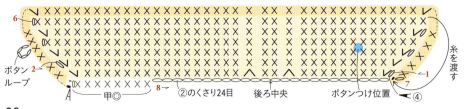

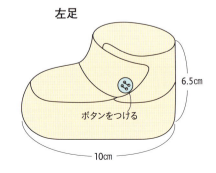

左足

フードつきケープ P.18

糸 † ハマナカ ねんね（30g玉巻）
　　　レモン（4）110g
針 † ハマナカアミアミ5号輪針80cm
　　ハマナカアミアミ両かぎ針ラクラク5/0号
その他 † 直径2cmのボタン 1個
ゲージ † 模様編み①、①'
　　　　12目＝2.5cm、33段＝10cm
　　　　模様編み② 25目＝10cm、26段＝7cm
　　　　メリヤス編み 25目33段＝10cm角
サイズ † 着丈24cm

編み方 † 糸は1本どりで、ボタンループはかぎ針で、それ以外は輪針を使って往復に編みます。

1　前後身ごろは一般的な作り目で310目作り目し、模様編み①、2目ゴム編み、模様編み①'、②で増減なく編みます。続けて模様編み①、メリヤス編み、模様編み①'で編みますが、メリヤス編みは図のように全体で減らしながら編みます。

2　続けて、フードを模様編み①、1目ゴム編み、模様編み①'、メリヤス編みで編みます。1目ゴム編み1段めの中央で1目減らし、メリヤス編み1段めの中央で1目増やして編みます。上部は中央で図のように減らしながら編み、編み終わりは目を休めます。

3　フードを中表に二つ折りし、引き抜きはぎします。
4　指定の位置にボタンループを編みつけます。
5　ボタンをつけます。

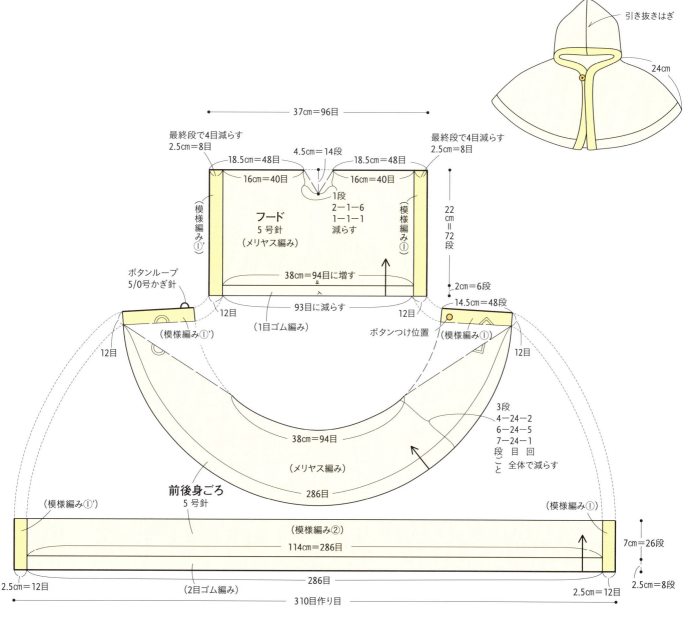

BABY KNIT 63

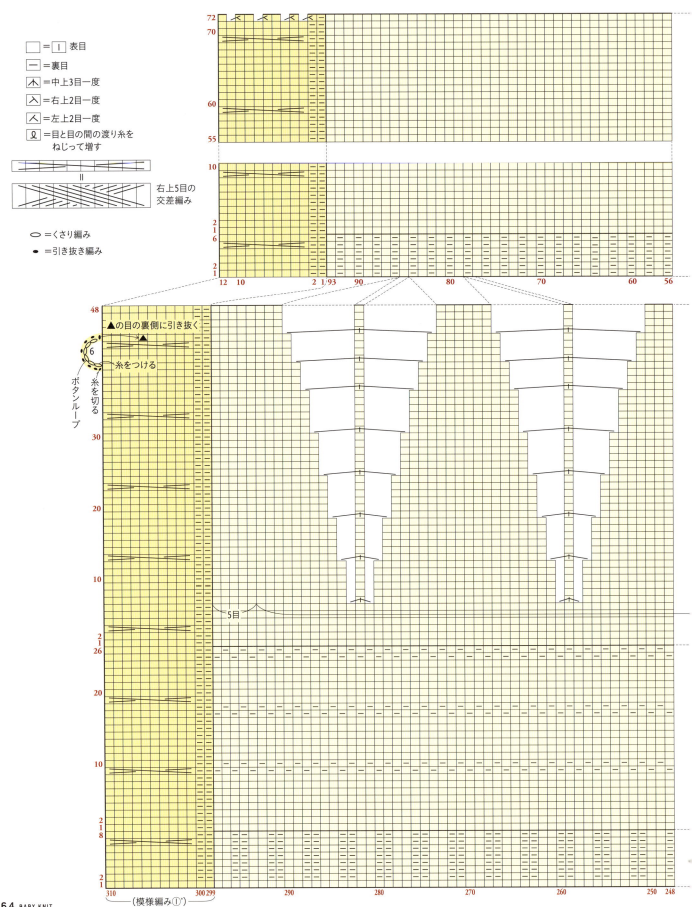

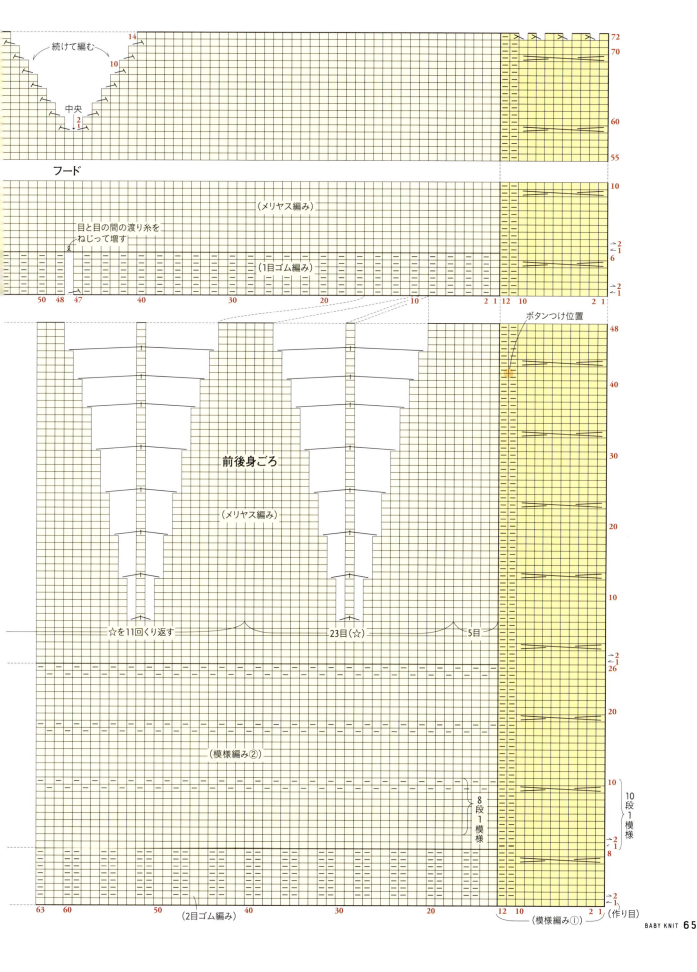

ヨーク使いのガーター編みのカーディガン P.19

糸 † ハマナカ ねんね（30g玉巻）
ベビーネイビー（12）110g
ミルク（1）5g
針 † ハマナカアミアミ3号玉付2本棒針
その他 † 直径1.5cmのボタン 6個
ゲージ † ガーター編み　26目52段＝10cm角
サイズ † 胸囲60cm　着丈33cm
ゆき 約35cm

編み方 † 糸は1本どりで、指定以外はベビーネイビーで編みます。
1 前後身ごろは続けて、一般的な作り目で162目作り目し、ガーター編みで増減なく98段編みますが、左前端にはボタン穴をあけて編みます。編み終わりは目を休めます。
2 そでは、一般的な作り目で59目作り目し、ガーター編みで増減なく88段編み、編み終わりは目を休めます。
3 そで下をすくいとじし、身ごろとそでのまちの合印（△・▲）を合わせてメリヤスはぎします。
4 前後身ごろ、左右そでから続けて252目拾い目し、ヨークをガーター編みで図のように端2目立てて減らしながら編みますが、身ごろと同様に左前端にはボタン穴をあけて編みます。
5 えりぐりから目を拾い、えりをガーター編みで編んで編み終わりを伏せ止めます。
6 ボタンをつけます。

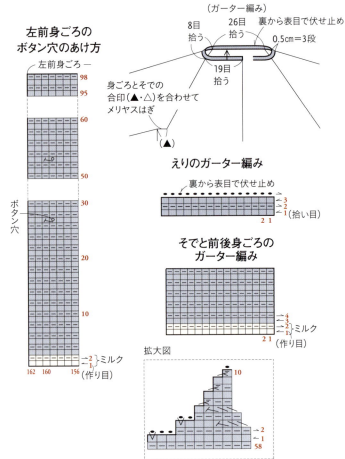

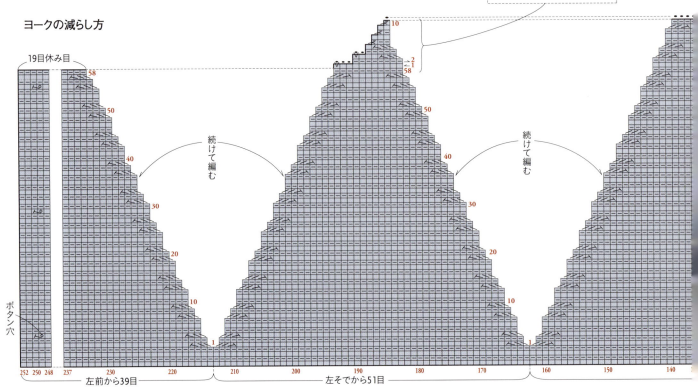

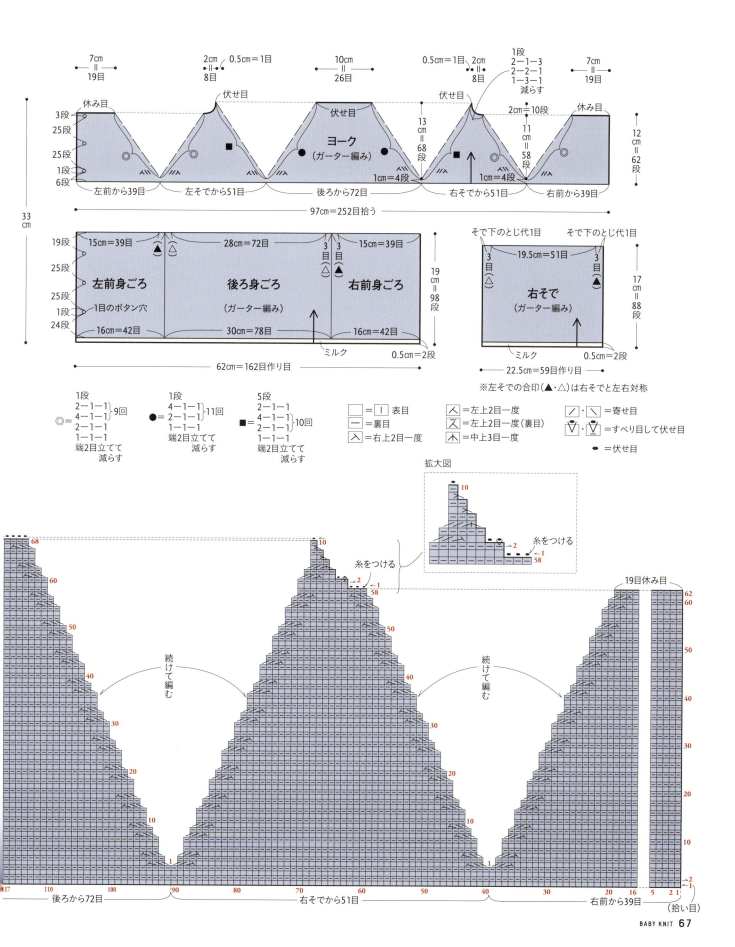

ポケットつきのカーディガン P.20

糸 † ハマナカ ねんね (30g玉巻)
　　ソーダ (7) 90g　バニラ (2) 10g
針 † ハマナカアミアミ3号、2号玉付2本棒針
その他 † 1.2cmのボタン3個
ゲージ † メリヤス編み　29目37段＝10cm角
サイズ † 胸囲61cm　着丈31.5cm　ゆき37cm

編み方 † 糸は1本どりで、指定の色で編みます。
1. 前後身ごろは続けて、一般的な作り目で175目作り目し、ガーター編み、メリヤス編みの編み込み模様を2号針で編みます。3号針にかえてメリヤス編みで、わき丈まで編みます。
2. 後ろ身ごろ、左右前身ごろをそれぞれ拾い目し、メリヤス編みで編みます。
3. 肩を中表に合わせ、かぶせ引き抜きはぎします。
4. そでは前後身ごろと肩のはぎから拾い目し、メリヤス編み、メリヤス編みの編み込み模様、ガーター編みで編みます。編み終わりを裏側から表目で伏せ止めます。
5. そで下をすくいとじします。
6. えりぐり、前立ての順に拾い目し、ガーター編みで編みますが、左前立てにはボタン穴をあけて編みます。
7. ポケットは一般的な作り目で17目作り目し、メリヤス編み、ガーター編みで編みます。編み終わりを裏側から表目で伏せ止めます。同様にもう1枚編みます。
8. ポケットを前身ごろにすくいとじとメリヤスはぎでつけます。
9. ボタンをつけます。

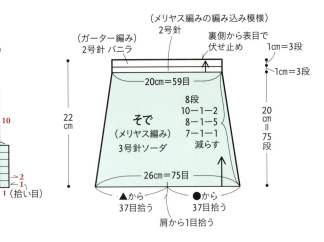

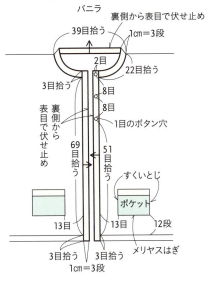

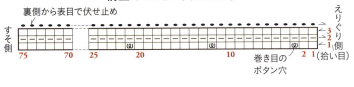

	=バニラ	Ⓦ =巻き目
	=ソーダ	
	= │ 表目	Ⓥ =すべり目して伏せ目
	= − 裏目	
	=右上2目一度	● =伏せ目
	=左上2目一度	

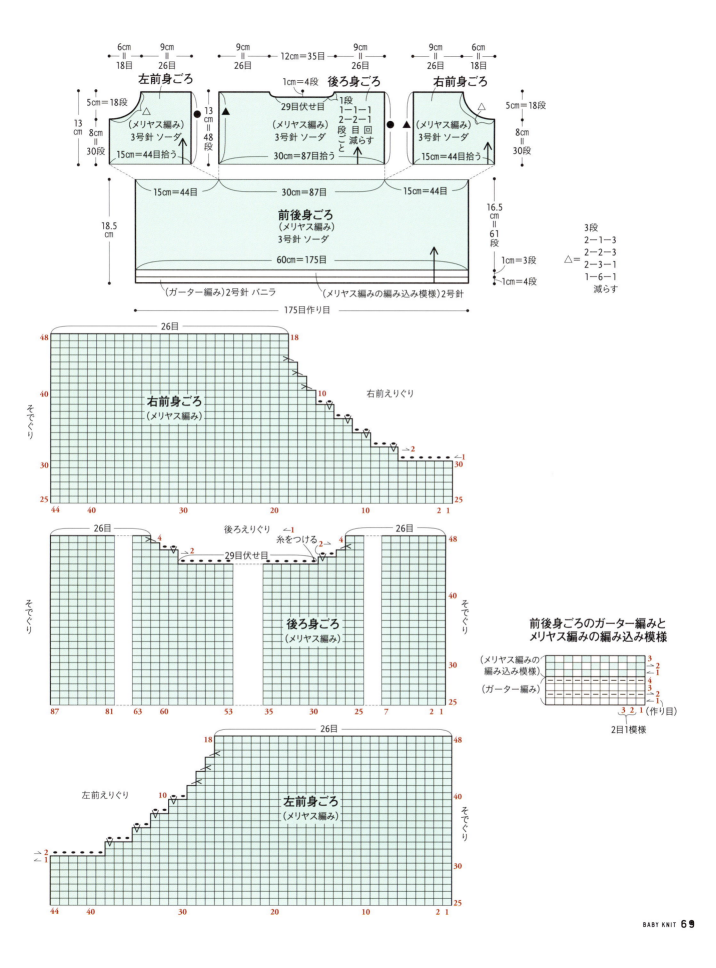

サルエルパンツ P.21

糸 † ハマナカ ねんね（30g玉巻）
　　ハニークリーム（3）50g
　　チェリー（6）35g
　　ソーダ（7）20g
針 † ハマナカアミアミ8号玉付2本棒針
その他 † 幅2cmのゴムテープ 50cm
ゲージ † メリヤス編みのしま模様
　　　　19目26段＝10cm角
サイズ † 胴まわり48cm　パンツ丈35.5cm

編み方 † 糸は指定の色で、2本どりで編みます。

1　前後パンツは、一般的な作り目で56目作り目し、折り返し分をメリヤス編み、ベルトを1目ゴム編みで増減なく編みます。

2　続けて、メリヤス編みのしま模様で、股下を図のように目を減らしながら編みます。足口に1目ゴム編みを増減なく編んで前段と同じ記号で伏せ止めます。

3　パンツの両わきと股下をそれぞれ、すくいとじ、メリヤスはぎします。

4　ゴムテープは端を2cm重ねて輪に縫い合わせておきます。

5　折り返し分を内側に折り、ゴムテープをはさんでまつります。

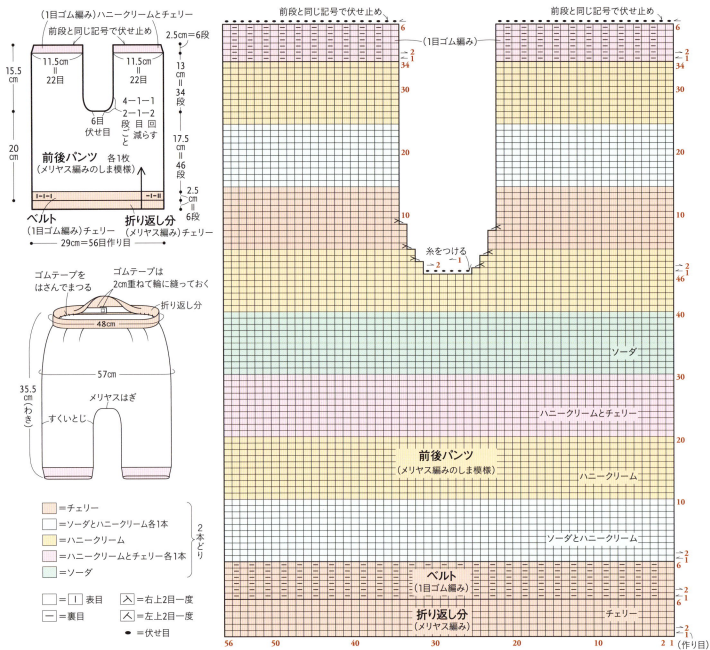

1つボタンのボンネット P.22

糸 ┆ ハマナカ ねんね（30g玉巻）
　　　チェリー（6）40g
針 ┆ ハマナカアミアミ11号、9号玉付2本棒針
その他 ┆ 直径2cmのボタン 1個
ゲージ ┆ 模様編み　20目25段＝10cm角
　　　　　ガーター編み（9号針）
　　　　　19.5目＝10cm、8段＝2.5cm
サイズ ┆ 深さ20cm

編み方 ┆ 糸は2本どりで編みます。

1. ベルトは、一般的な作り目で70目作り目し、ガーター編みで8段編みますが、持ち出し分にボタン穴をあけて編みます。持ち出し分20目を表目で伏せ止めます。
2. 続けて、本体の1段めをかけ目で増しながら編み、2段めからはガーター編み、模様編みで編みます。中央上部を図のように減らしながら編み、編み終わりは目を休めます。
3. 中表に二つ折りし、本体上部を引き抜きはぎします。
4. ボタンをつけます。

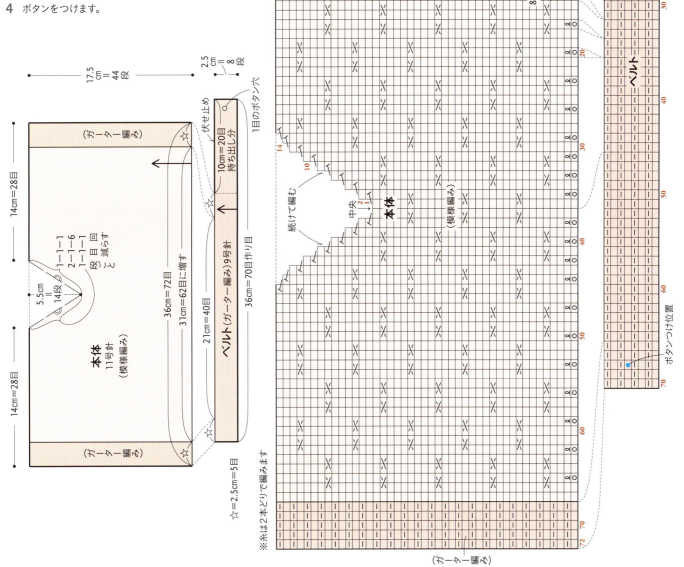

スカート P.23

糸 † ハマナカ ねんね (30g玉巻)
　　チェリー (6) 90g
針 † ハマナカアミアミ4号玉付2本棒針、
　　4号4本棒針
その他 † 直径1.8cmのボタン 2個
　　　　直径1.3cmのボタン (力ボタン) 2個
ゲージ † 模様編み　32.5目=10cm、16段=4.5cm
　　　　メリヤス編み　27目38段=10cm角
サイズ † ウエストまわり44cm　丈29.5cm

編み方 † 糸は1本どりで編みます。

1　前後スカートは、一般的な作り目で140目作り目し、模様編みで増減なく11段編み、12段目で117目に減らしながら編みます。
2　続けて、メリヤス編みで増減なく編み、編み終わりは休み目にします。
3　わきをすくいとじします。
4　ベルトは、前後スカートの230目を2目一度で144目に減らしながら輪に目を拾い、模様編みで編んで編み終わりを表目で伏せ止めます。
5　肩ひもは、一般的な作り目で13目作り目し、模様編みで編んで編み終わりは2目一度の要領で伏せ止めます。
6　ボタンは、図のようにベルトをはさむように表側と裏側を一度につけます。

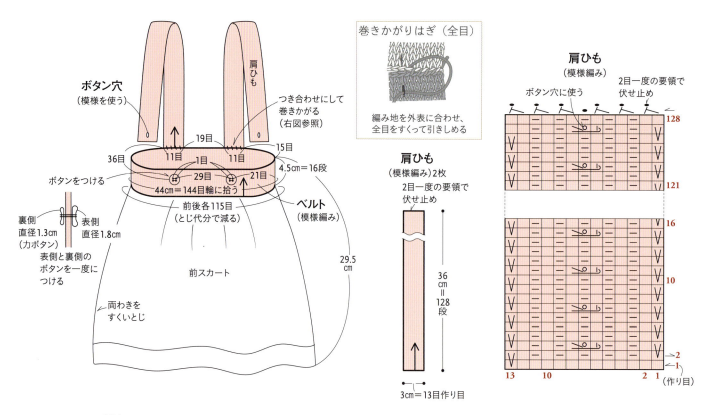

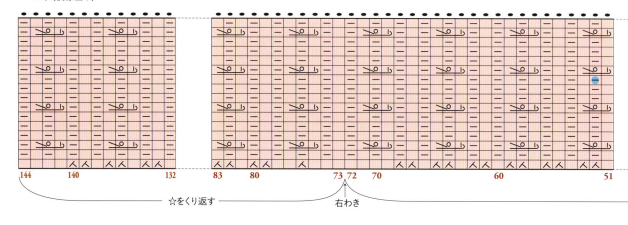

前後スカートすその編み方

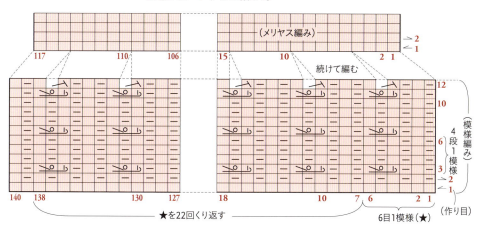

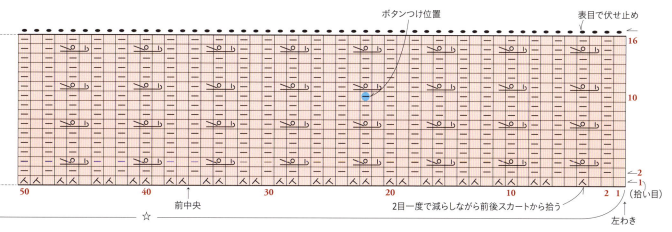

白いえりつきワンピース P.24-25

A
B

糸 ✝ ハマナカ ねんね (30g玉巻)
　A グレープ (10) 120g　ミルク (1) 15g
　B ベビーネイビー (12) 130g　ミルク (1) 15g
針 ✝ ハマナカアミアミ4号、3号玉付2本棒針
　ハマナカアミアミ両かぎ針ラクラク3/0号
その他 ✝ 直径1cmのボタン 5個
ゲージ ✝ メリヤス編み　26.5目42段=10cm角
　　　　　模様編み　26.5目=10cm、30段=6cm
サイズ ✝ 胸囲54cm　背肩幅19cm　そで丈8.5cm
　　　　　着丈 A37cm　B40.5cm

編み方 ✝ 糸は1本どりで、えりと縁編み以外は
　Aグレープ、Bベビーネイビーで編みます。
　縁編み、えりぐり、前立ては、かぎ針そ
　れ以外は棒針で編みます。

1 前後スカートは一般的な作り目で123目作り目し、模様編み、メリヤス編みで編みます。編み終わりは2目一度の要領で73目に減らしながら伏せ止めます。
2 前後身ごろは、それぞれスカートから目を拾い、メリヤス編みで編みます。
3 そでは、あとでほどく作り目で75目作り目し、メリヤス編みで編みます。作り目をほどいて49目に減らしながら目を拾い、ガーター編みで編んで伏せ止めます。
4 肩を中表に合わせ、かぶせ引き抜きはぎします。
5 わきとそで下をすくいとじします。
6 すそとそで口に縁編みを編みます。
7 えりぐりは左右前身ごろと後ろ身ごろから目を拾い、こま編みで編みます。
8 前立ては、左右前身ごろからそれぞれ目を拾い、こま編みで編んで端を前スカートにとじつけますが、右前にはボタン穴をあけて編みます。
9 えりは一般的な作り目で76目作り目し、ガーター編み (2段ごとに編み進む引き返し編み) で図のように編みます。
10 そでと身ごろを中表に合わせ、引き抜きとじでつけます。
11 えりぐりのこま編みの裏側にえりをかがりつけます。
12 ボタンをつけます。

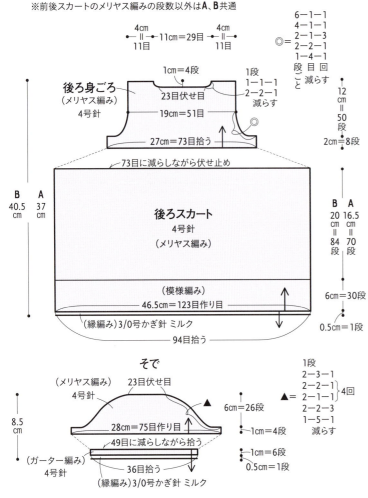

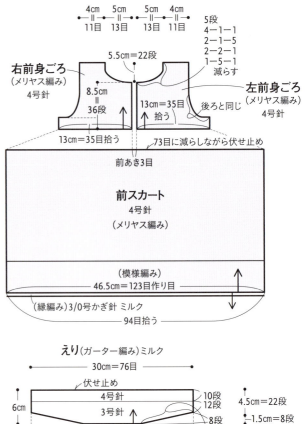

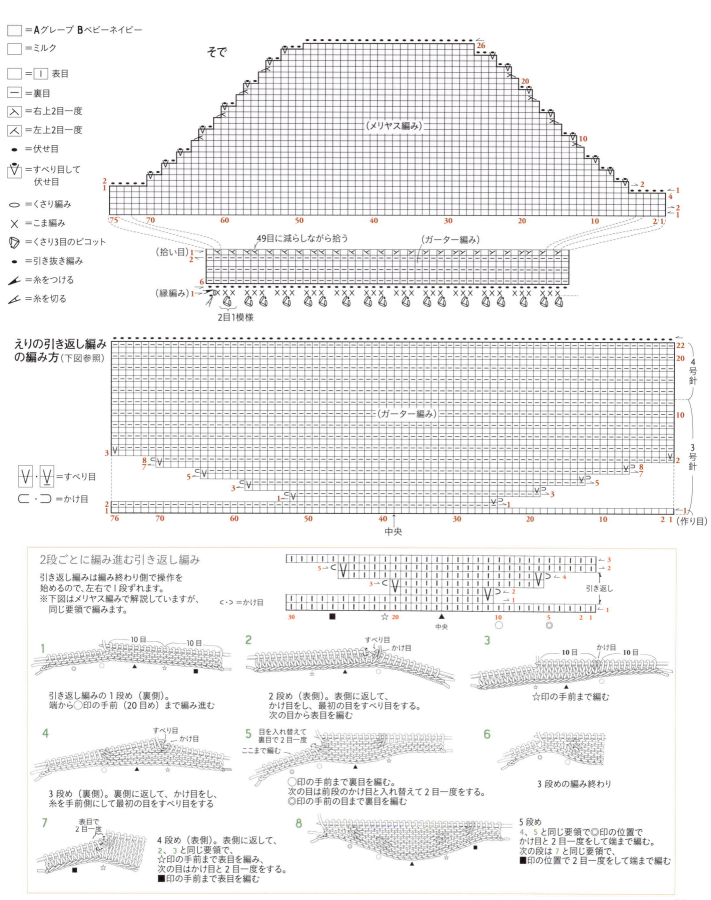

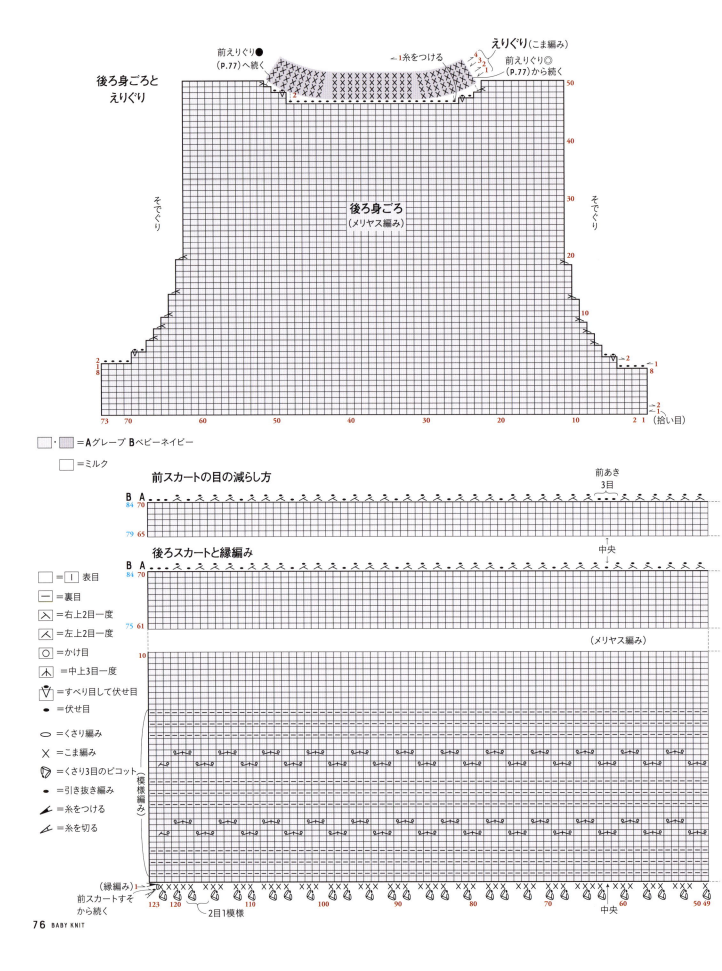

左右前身ごろ、えりぐりと前立て

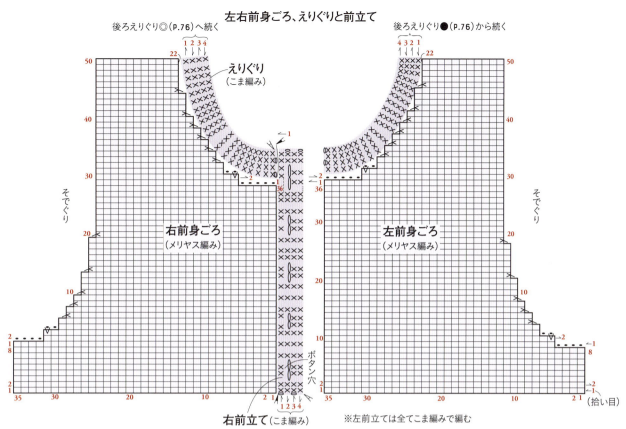

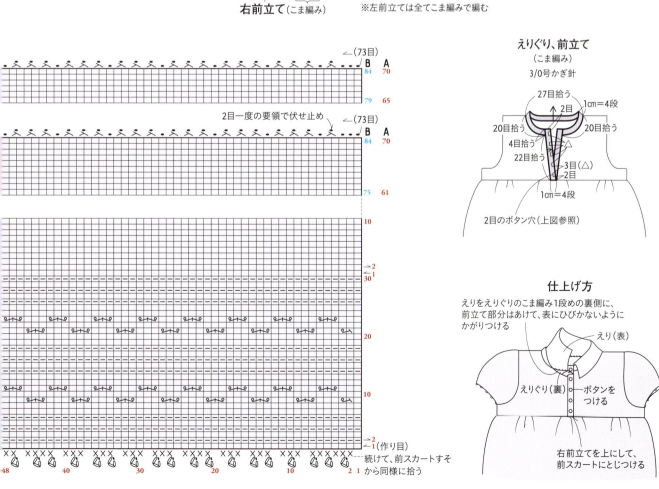

スモック刺しゅうのワンピース P.26

糸 † ハマナカ ねんね (30g玉巻)
　　セサミ (11) 100g
　　バニラ (2)、ベビーネイビー (12) 各少々
針 † ハマナカアミアミ5号、4号玉付2本棒針
その他 † 直径1.3cmのボタン 5個
ゲージ † メリヤス編み 24目31段=10cm角
サイズ † 後ろ幅31cm 着丈46.5cm ゆき17cm

編み方 † 糸は1本どりで、セサミで編みます。スモッキングはバニラ、クロス・ステッチはベビーネイビーで刺します。

1. 後ろ身ごろは、一般的な作り目で106目作り目し、模様編み①、メリヤス編みで後ろあきを作りながら編みます。
2. 前身ごろも同様に106目作り目し、模様編み①、メリヤス編み、指定の位置には模様編み②を編みます。
3. 模様編み②に毛糸とじ針を使ってスモッキング、クロス・ステッチの順に刺します。
4. 肩を中表に合わせ、かぶせ引き抜きはぎし、えりぐり、そでぐりにそれぞれ模様編み①'を編み、編み終わりは裏側から表目で伏せ止めます。
5. 後ろあきから目を拾い、ガーター編みで編みますが、右側にはボタン穴をあけて編み、身ごろ側の端は身ごろにとじつけます。
6. わきとそでぐりの端をすくいとじし、ボタンをつけます。

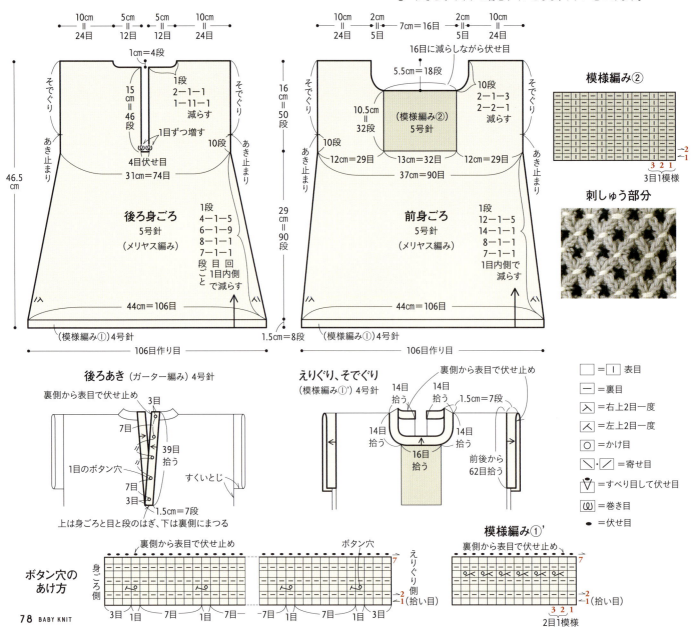

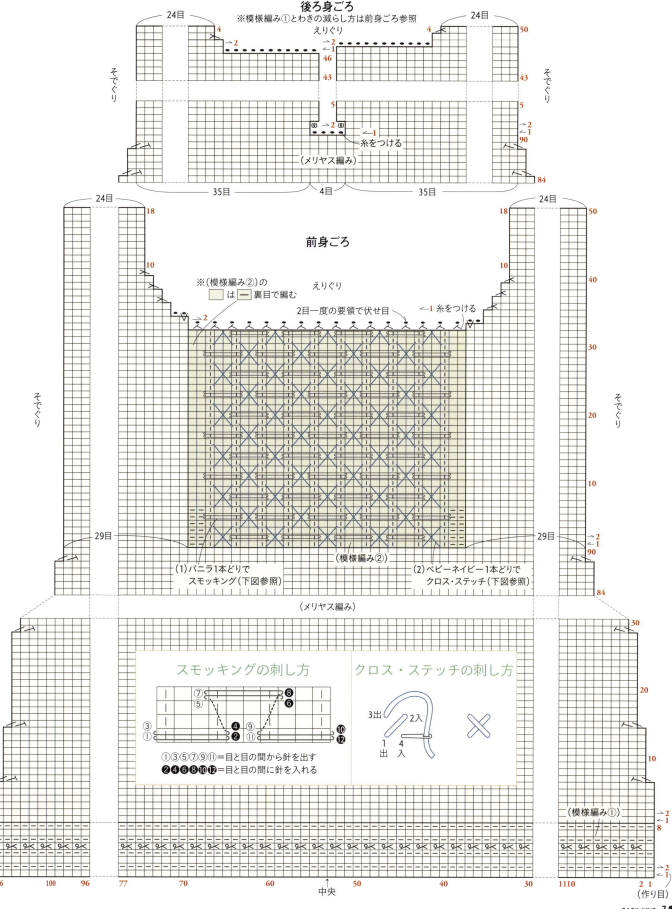

花刺しゅうのボレロ P.27

糸 † ハマナカ ねんね（30g玉巻）
　　ミルク（1）80g
針 † ハマナカアミアミ5号玉付2本棒針
その他 † 25番刺しゅう糸
　　ピンク 4m　きみどり、黄色 各少々
　　直径1.3cmのパールボタン 1個
ゲージ † 模様編み　25目33段＝10cm角
サイズ † 胸囲62cm　着丈26cm
　　背肩幅24cm　そで丈23cm

編み方 † 糸は1本どりで編みます。

1　後ろ身ごろは、一般的な作り目で79目作り目し、ガーター編みと模様編みで図のように編みます。左右前身ごろ、そでも同様に作り目して編みます。
2　肩を中表に合わせ、かぶせ引き抜きはぎします。
3　えりぐりから目を拾い、ガーター編みを編んで裏側から表目で伏せ止めます。
4　前立ては、前身ごろとえりぐりから目を拾い、ガーター編みを編んで裏側から表目で伏せ止めますが、右前立てにはボタン穴をあけて編みます。
5　わきとそで下をそれぞれすくいとじします。
6　そでと身ごろを中表に合わせ、引き抜きとじします。
7　前えりぐりに刺しゅうをし、ボタンをつけます。

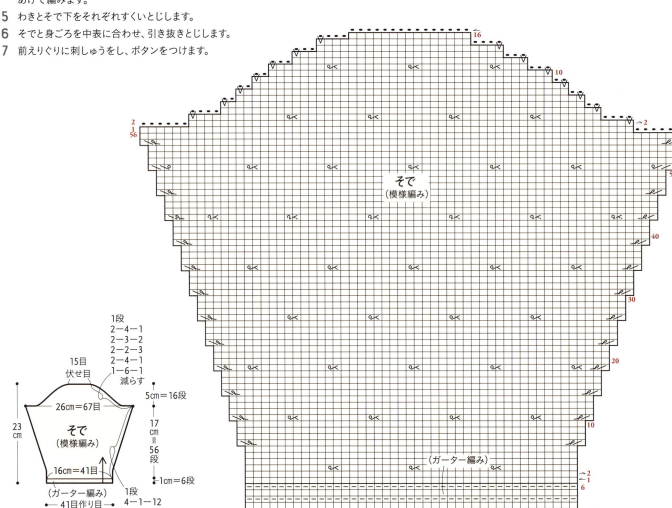

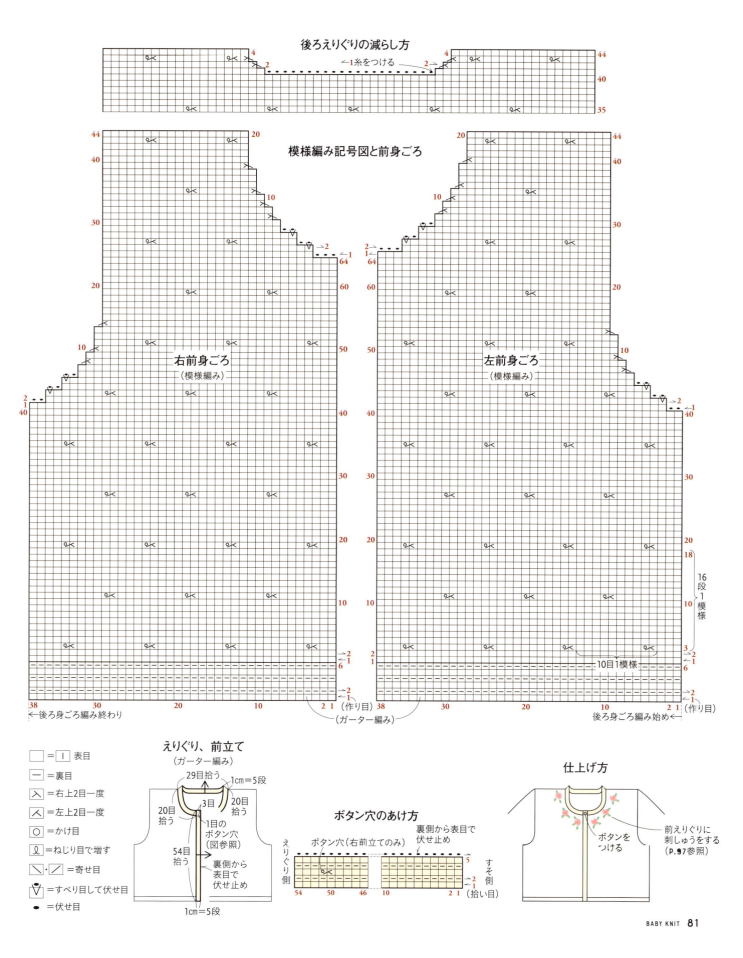

編み込み模様の帽子 P.28

糸 † ハマナカ ねんね (30g玉巻)
セサミ (11) 25g　バニラ (2) 20g
レモン (4)、チェリー (6)、アクア (8)、
アップルグリーン (9)、ベビーネイビー (12)
各少々
針 † ハマナカアミアミ3号、2号4本棒針
ゲージ † メリヤス編みの編み込み模様
35目39段=10cm角
サイズ † 頭まわり48cm
深さ16.5cm (折り返した状態)

編み方 † 糸は1本どりで、指定の色で編みます。

1. 一般的な作り目で156目作り目して輪にし、2号針で2目ゴム編みを38段編みます。
2. 3号針にかえ、サイドは1段目で12目増し、メリヤス編みの編み込み模様で34段編みます。トップはメリヤス編みで図のように減らしながら編みます。
3. 残った24目に糸を2回通して絞ります。
4. ポンポンを作り、トップにつけます。

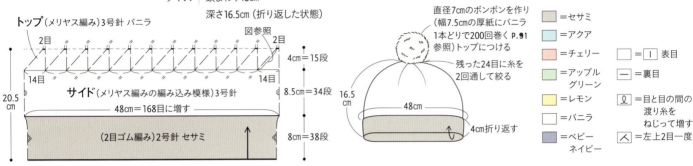

編み込み図案とトップの減らし方

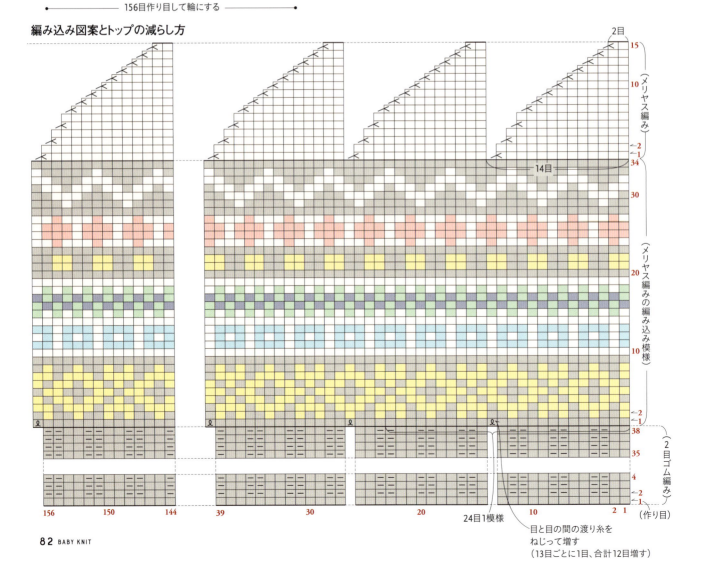

編み込み模様のミトン P.28

A

B

糸 † ハマナカ ねんね（30g玉巻）
　A セサミ（11）10g　バニラ（2）6g
　　レモン（4）5g
　　チェリー（6）、アクア（8）、
　　アップルグリーン（9）、ベビーネイビー（12）
　　各少々
　B アップルグリーン（9）15g　バニラ（2）10g
針 † ハマナカアミアミ3号、2号短5本棒針
ゲージ † メリヤス編みの編み込み模様
　　　　　35目39段＝10cm角
サイズ † てのひらまわり13.5cm
　　　　　長さ13.5cm（折り返した状態）

編み方 † 糸は1本どりで、指定の色で編みます。

1. 一般的な作り目で40目作り目して輪にし、2号針で2目ゴム編みを38段編みます。
2. 3号針にかえ、1段めで8目増し、メリヤス編みの編み込み模様で9段編みます。
3. 親指穴位置に別糸を編み込み（P.101参照）、34段めまで編みます。
4. 指先はメリヤス編みで図のように減らしながら編み、残った5目に糸を2回通して絞ります。
5. 親指は親指位置の別糸をほどいて22目拾い目し、2号針でメリヤス編みを図のように編み、残った11目に糸を2回通して絞ります。
6. もう片方は親指穴の位置をかえて同様に編みます。

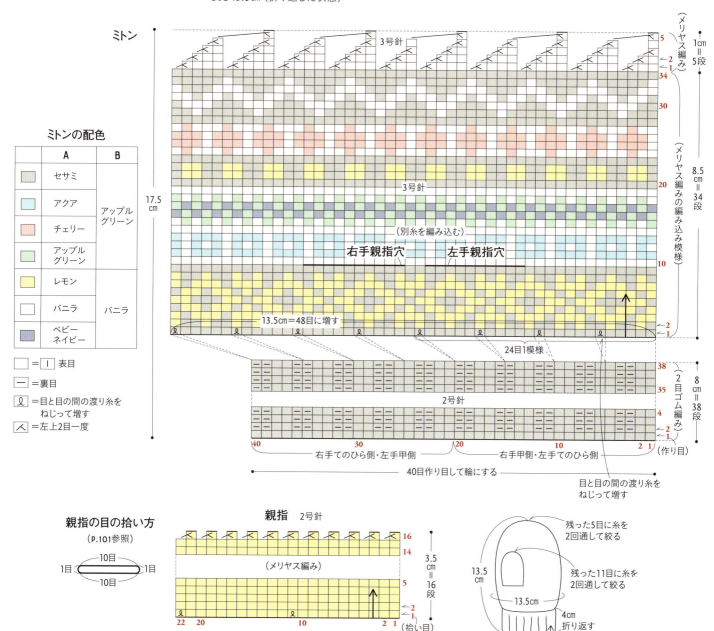

BABY KNIT 83

カバーオール P.30

糸 † ハマナカ ねんね（30g玉巻）
　　　セサミ（11）165g　バニラ（2）70g
針 † ハマナカアミアミ6号玉付2本棒針
　　　ハマナカアミアミ両かぎ針ラクラク4/0号
その他 † 直径1.5cmのボタン 6個
　　　　直径1cmのスナップボタン 11個
ゲージ † メリヤス編み　19目30段＝10cm角
　　　　模様編みのしま模様
　　　　　19目＝10cm、8段＝2.5cm
サイズ † 胸囲62cm　着丈61.5cm　ゆき35cm

編み方 † 糸は股下のこま編みはセサミ1本どり、それ以外は指定の色で2本どりで編みます。

1. 前身ごろは、股下の右側を一般的な作り目で23目作り目し、1目ゴム編みとメリヤス編みで70段編んで糸を切ります。左側の股下も同様に70段まで編みます。
2. 次の段からは左右の股下の目を合わせて図のように編みますが、中央で1日ずつ減らします。メリヤス編みで16段編み、前あきから左右に分けてメリヤス編みと、模様編みのしま模様で図のように編み、編み終わりは目を休めます。
3. 後ろ身ごろは、前身ごろと同じ要領で編みます。
4. そでは、一般的な作り目で34目作り目し、1目ゴム編みとメリヤス編みで編みます。編み終わりを伏せ止めます。
5. 肩を中表に合わせてかぶせ引き抜きはぎし、えりぐり、前立ての順に1目ゴム編みを編みますが、指定の位置にボタン穴をあけて編みます。編み終わりを伏せ止めます。
6. 前立てを上前は身ごろと目と段のはぎ、下前は裏側にまつります。
7. わき、そで下をすくいとじし、そでを目と段のはぎと引き抜きとじでつけます。
8. 股下にこま編みを編み、スナップボタンをつけます。前立てにボタンをつけます。

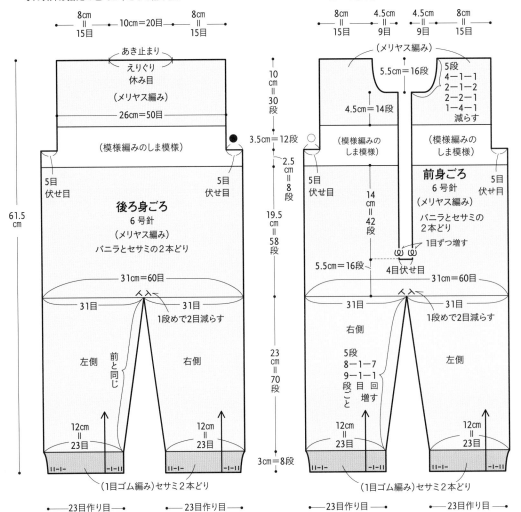

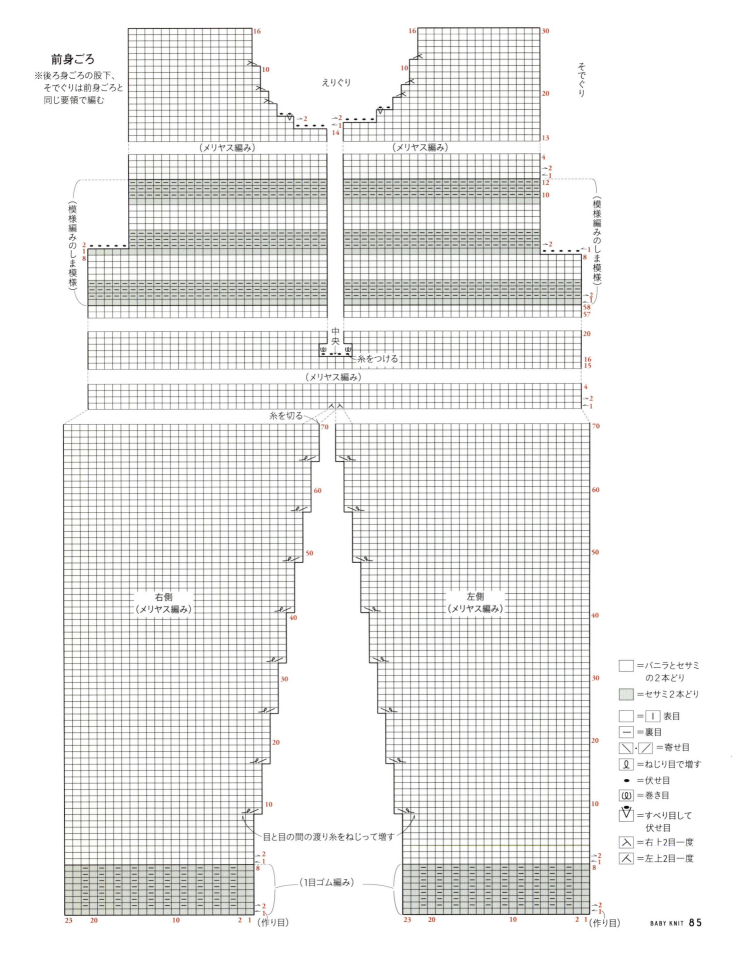

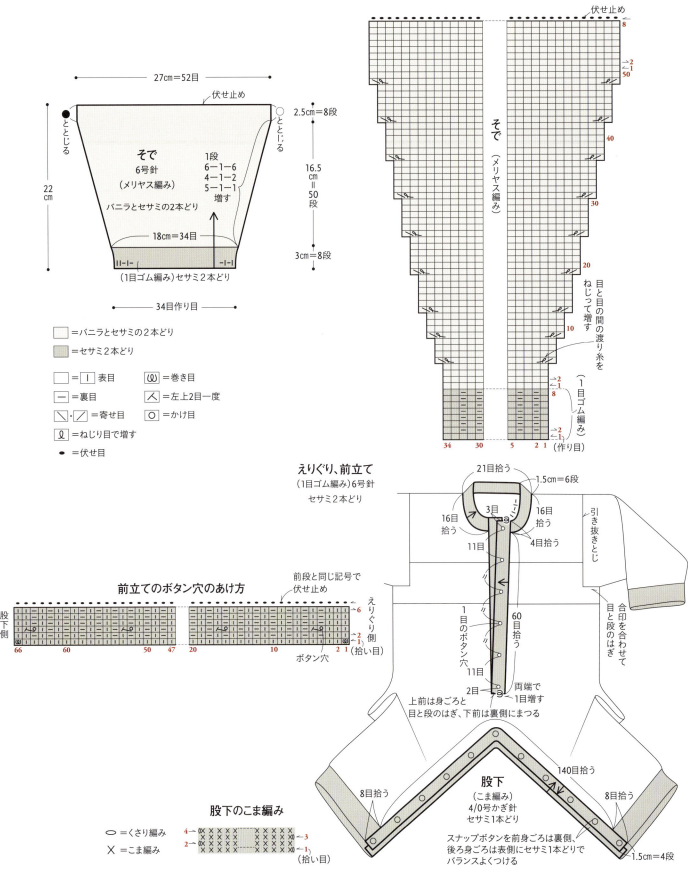

耳当て帽 P.30

糸 † ハマナカ ねんね（30g玉巻）
　　セサミ（11）35g　バニラ（2）15g
針 † ハマナカアミアミ6号短5本棒針
　　ハマナカアミアミ両かぎ針
　　ラクラク5/0号
ゲージ † メリヤス編み
　　　19目＝10cm、19段＝6cm
　　　模様編みのしま模様
　　　19目＝10cm、16段＝4.5cm
サイズ † 頭まわり47cm　深さ16.5cm

編み方 † 糸は指定の色で、2本どりで編みます。本体と
　　　耳当ては棒針、顔まわりはかぎ針で編みます。

1 本体を編みます。クラウンは、一般的な作り目で90目作り目して輪にし、模様編みのしま模様で16段、メリヤス編みで19段を増減なく編みます。
2 続けて、トップを図のように減らしながら15段編み、残った9目に糸を2回通して絞ります。
3 耳当ては、作り目から13目拾い目し、メリヤス編みで図のように編み、編み終わりを伏せ止めます。
4 本体と耳当てから目を拾い、顔まわりにうね編みを増減なく3段編みます。
5 ボンボンを作り、トップにつけます。

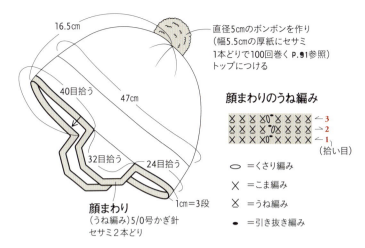

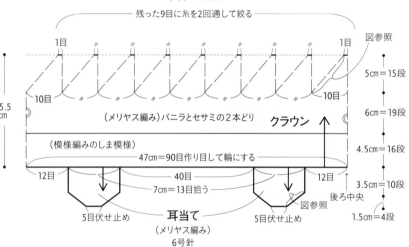

クラウン

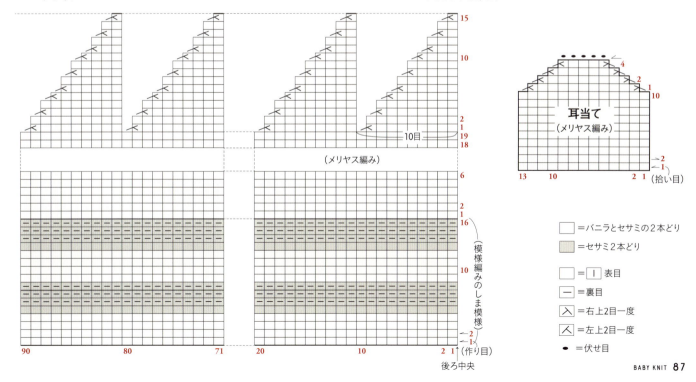

BABY KNIT 87

ロンパース P.31

糸 † ハマナカ ねんね（30g玉巻）
　　ハニークリーム（3）100g
針 † ハマナカアミアミ4号玉付2本棒針
　　ハマナカアミアミ両かぎ針
　　ラクラク2/0号
その他 † 直径1.3cmのボタン 11個
ゲージ † メリヤス編み　24目35段＝10cm角
　　　　模様編み　15目＝5cm、35段＝10cm
サイズ † 胸囲62cm　着丈51.5cm

編み方 † 糸は1本どりで、ボタンループはかぎ針で、それ以外は棒針で編みます。

1　前身ごろは、股下の右側を一般的な作り目で32目作り目し、ガーター編みで6段編みます。続けて、メリヤス編み、模様編みで56段編んで糸を切ります。股下の左側も同様に56段編みます。
2　次の段からは左右の股下の目を合わせて図のように編みますが、中央で巻き目で2目増します。編み終わりは伏せ止めます。
3　後ろ身ごろは、ガーター編み、メリヤス編みで前身ごろと同じ要領で編みます。
4　わきをすくいとじします。
5　えりぐり、そでぐり、股下からそれぞれ目を拾い、ガーター編みで編んで編み終わりを表目で伏せ止めます。
6　後ろ肩、後ろ股下にボタンループを編みつけます。
7　ボタンをつけます。

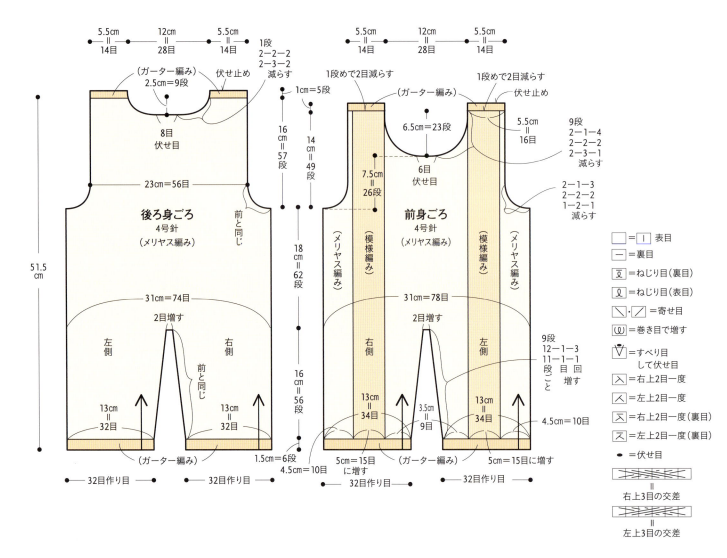

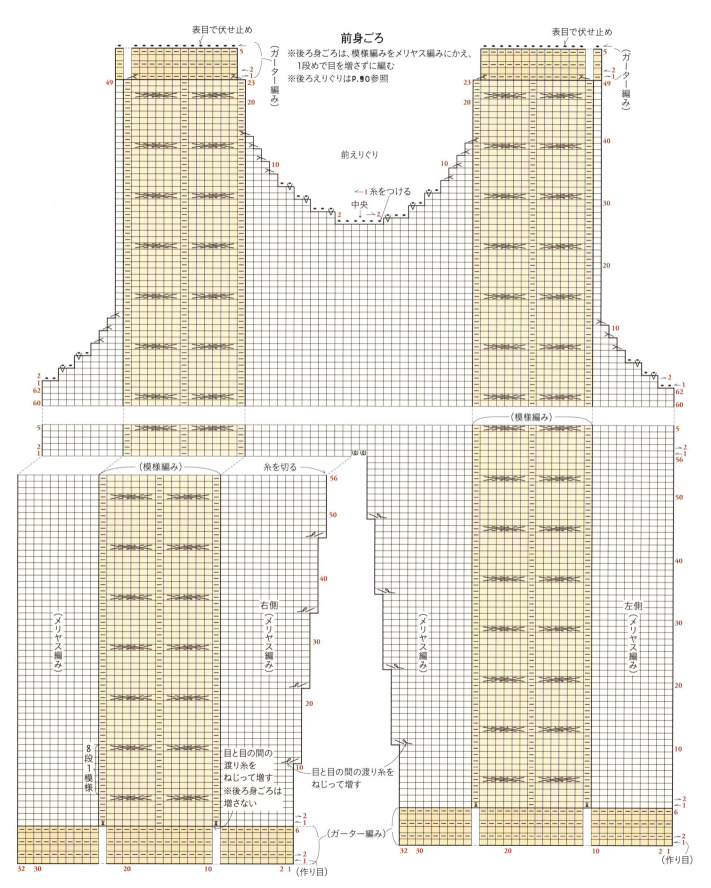

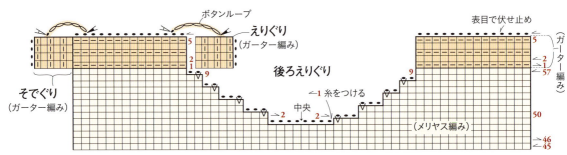

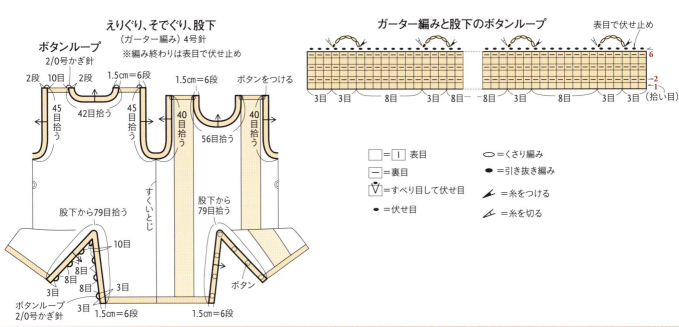

どんぐり帽 † P.32-33

糸 † ハマナカ ねんね（30g玉巻）
　　A ベビーネイビー（12）90g
　　B アップルグリーン（9）85g
針 † ハマナカアミアミ両かぎ針ラクラク6/0号
ゲージ † 模様編み 18目11.5段＝10cm角
サイズ † A 頭まわり50cm　深さ17cm
　　　　　 B 頭まわり44.5cm　深さ17cm

編み方 † 糸は2本どりで編みます。

1. くさりの作り目をして輪にし、裏山を拾ってこま編みを1段編みます。2段めからは図のように増減しながら模様編みで編みます。
2. 残った15目に糸を2回通して絞ります。
3. 見返しは、作り目の向こう側半目を拾って長編みのすじ編みで1段編み、内側に折ってまつります。
4. ボンボンを作り、トップにつけます。

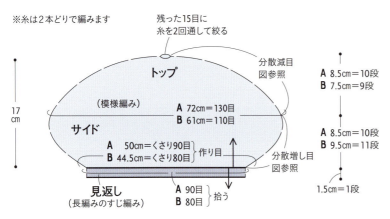

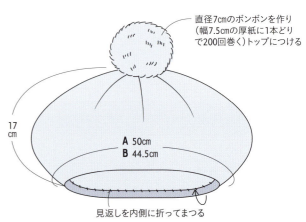

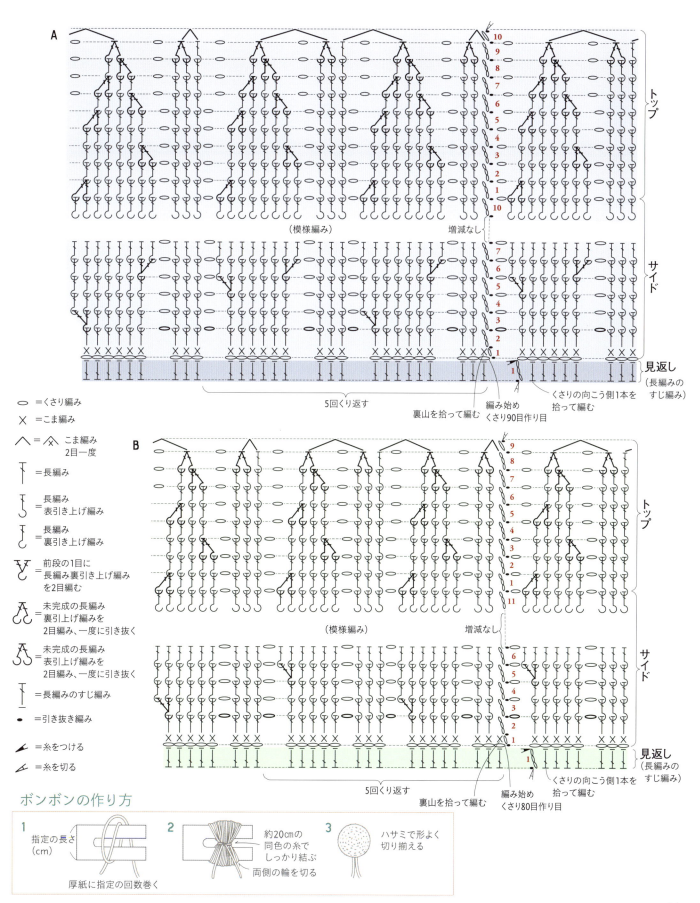

フードつきジャケット P.34-35

糸 † ハマナカ ねんね（30g玉巻）
　A ベビーネイビー（12）360g
　B セサミ（11）320g
針 † ハマナカアミアミ7号玉付2本棒針
その他 † 直径2cmのボタン 4個
　　　　直径1.5cmのボタン（力ボタン）4個
ゲージ † ガーター編み　19目35段＝10cm角
サイズ † A 胸囲81cm　着丈42cm　ゆき43cm
　　　　B 胸囲77cm　着丈39cm　ゆき39cm

※糸は2本どりで編みます　※指定以外はA、B共通

編み方 † 糸は2本どりで編みます。

1. 後ろ身ごろは、一般的な作り目でA88目、B80目作り目し、両わきで減らしながらガーター編みでわき丈を編みます。そでぐりは両わきで9目ずつ休み目にし、肩まで増減なく編み、編み終わりは休み目にします。

2. 左右前身ごろは、一般的な作り目でA54目、B50目作り目し、後ろ身ごろと同じ要領でえりぐりまで編みますが、指定の位置にボタン穴をあけて編みます。えりぐりは9目伏せ目し、続けて、肩まで編んで編み終わりは休み目にします。

3. フードは、右前身ごろ、後ろ身ごろ、左前身ごろから図のようにA76目、B72目拾い目し、ガーター編みで編みます。編み終わりは中表に二つ折りし、かぶせ引き抜きはぎします。

4. そでは、後ろ身ごろと同じ要領で、A42目、B38目作り目し、両端で目を増しながらガーター編みで編みます。編み終わりを伏せ止めます。

5. そでと身ごろの合印（▲・●）を合わせて、目と段のはぎでつけます。わきとそで下をすくいとじします。

6. ボタンをつけます。

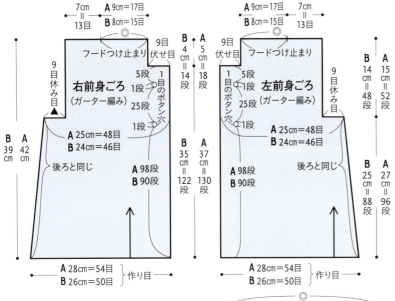

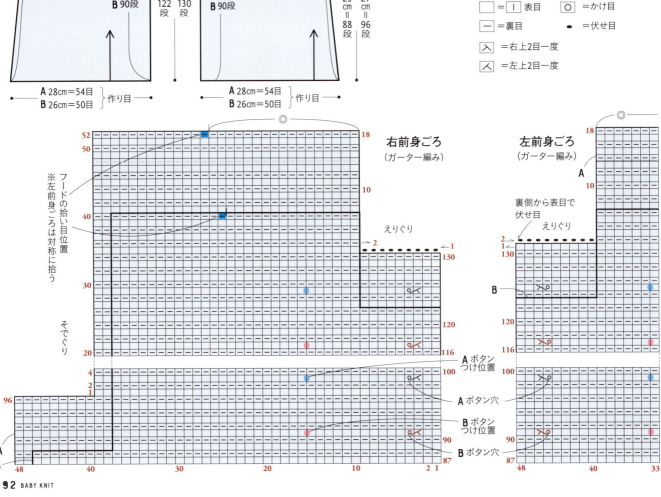

□ = | 表目　　○ = かけ目
− = 裏目　　● = 伏せ目
入 = 右上2目一度
人 = 左上2目一度

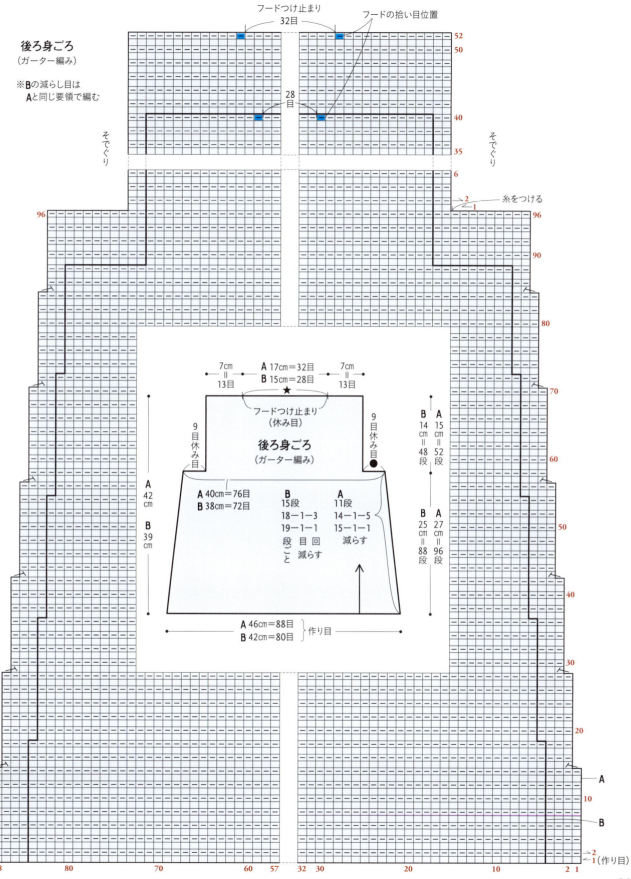

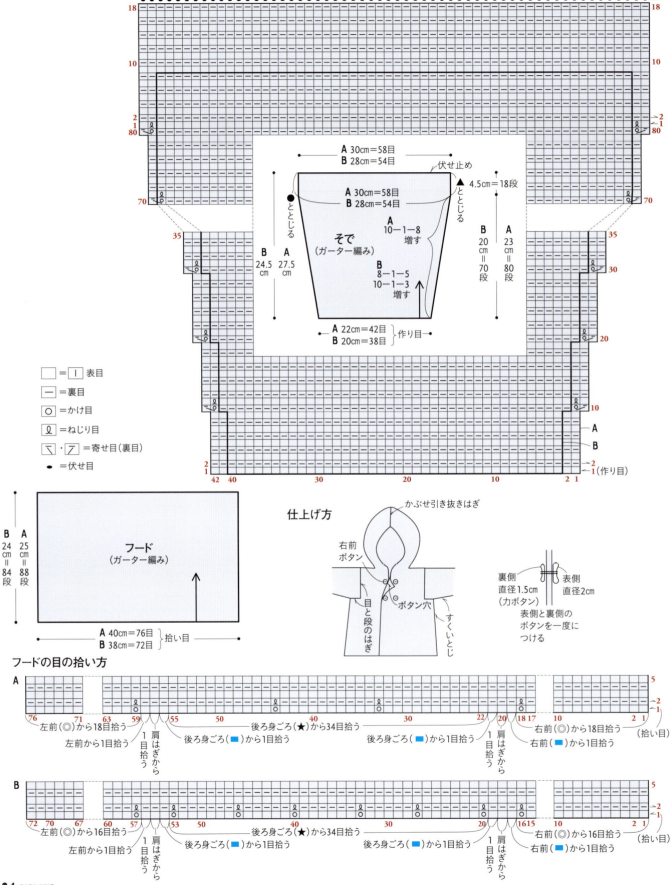

メリー P.37

糸 ♱ ハマナカ ねんね (30g玉巻)
　　ミルク (1) 17g
　　レモン (4)、チェリー (6)、ソーダ (7) 各9g
　　ベビーネイビー (12) 6g
　　ハニークリーム (3)、セサミ (11) 各5g
針 ♱ ハマナカアミアミ両かぎ針ラクラク7/0号
その他 ♱ ハマナカチャームハンドル
　　(H210-012) 直径13.2cm 透明 1本
　　ハマナカオーガニックわたわた
　　(H434-301) 少々
ゲージ ♱ こま編み 3段=1.5cm
サイズ ♱ 図参照

編み方 ♱ 糸は同色の2本どりで、指定の色で編みます。
1. 丸、くま、うさぎ、花のモチーフを指定の枚数編みます。輪の作り目をし、丸、くま、うさぎは4段めまで、花は3段めまで同じものを2枚編んで外表に合わせます。最終段は、2枚一緒に目を拾い、途中でわたを入れながら編みます。
2. ボンボンを作ります。くさり編みを指定の目数編み、ボンボンの中央の結び糸、モチーフとつなぎます。
3. チャームハンドルにくさりを巻き、とじつけます。

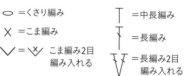

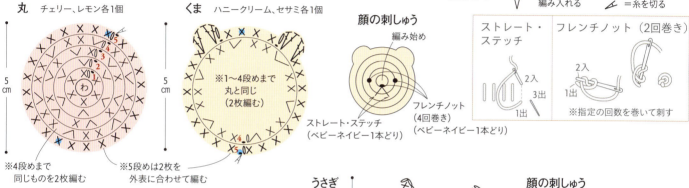

花の配色

	a	b	c
4段目	チェリー	ソーダ	ベビーネイビー
1〜3段目	ミルク	レモン	ソーダ

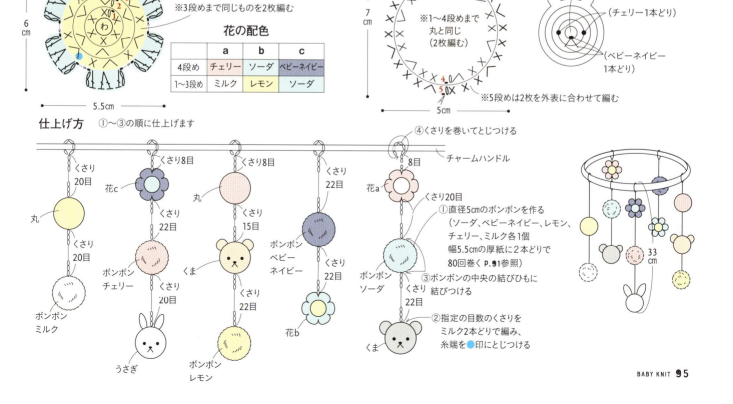

モチーフつなぎのおくるみ P.36

糸 † ハマナカ ねんね（30g玉巻）
バニラ（2）145g
レモン（4）、ピーチ（5）、ソーダ（7）各40g
針 † ハマナカアミアミ両かぎ針ラクラク3/0号
ゲージ † モチーフの大きさ　7cm角
サイズ † 76cm角

編み方 † 糸は1本どりで、指定の色で編みます。

1. モチーフは糸端を輪にする方法で作り目し、指定の配色で図のように編みます。
2. 2枚めからは、最終段で引き抜き編みでつなぎながら100枚編みます。
3. まわりに縁編みを3段編みます。

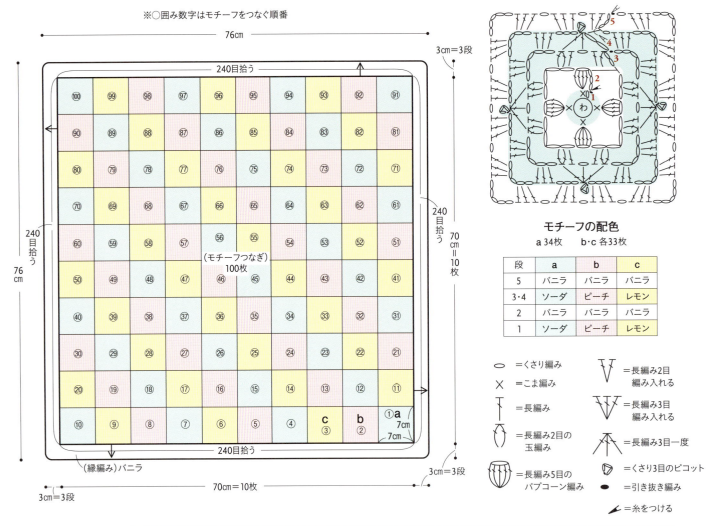

モチーフの配色

a 34枚　　b・c 各33枚

段	a	b	c
5	バニラ	バニラ	バニラ
3・4	ソーダ	ピーチ	レモン
2	バニラ	バニラ	バニラ
1	ソーダ	ピーチ	レモン

○ =くさり編み
× =こま編み
= 長編み
= 長編み2目の玉編み
= 長編み5目のパプコーン編み
= 長編み2目編み入れる
= 長編み3目編み入れる
= 長編み3目一度
= くさり3目のピコット
● =引き抜き編み
= 糸をつける

色のかえ方（輪編みの場合）

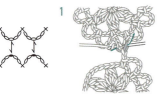

1・2 色をかえる手前の目の最後の糸を引き抜くときに、新しい糸にかえて編む

モチーフのつなぎ方　引き抜き編みで編みながらつなぐ方法

1 1枚めのモチーフに針を入れ、引き抜き編みをきつめに編む

2 くさり編みを編む

3 でき上がり

モチーフの角のつなぎ方
※わかりやすいよう、色をかえて解説しています。

1 11枚めのモチーフは、1枚めと2枚めのモチーフをつないだ引き抜き編みの足2本に針を入れる。

2 針に糸をかけて引き抜く。

3 つながった。続けて端までつなぐ。

モチーフのつなぎ方、縁編みの編み方

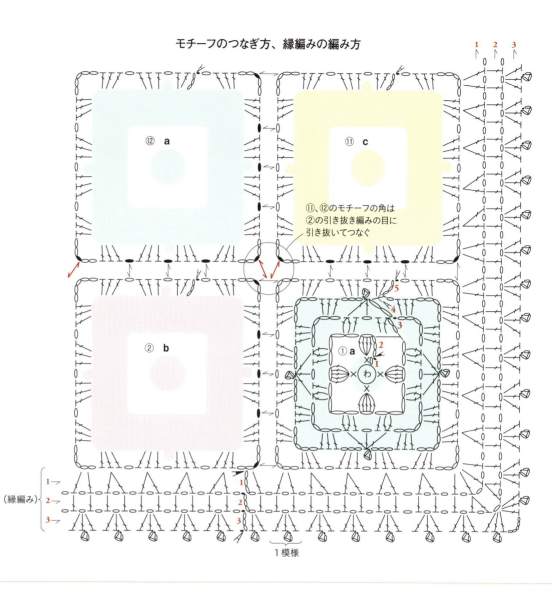

P.81 花刺しゅうのボレロ

刺しゅう図案
（150%に拡大して使用）

フレンチノット（P.95参照）
（3回巻き）黄色6本どり

バリオンローズ・ステッチ
（6回巻き）ピンク6本どり

レジーデージー・ステッチ
きみどり6本どり

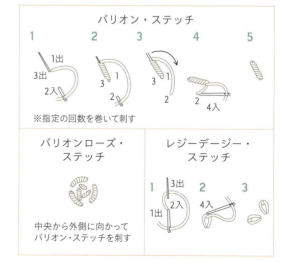

棒針編みの基礎

編み目記号と編み方

編み目記号は編み地の表側から見た、操作記号です。
例外（かけ目・巻き目・引き上げ目）を除き1段下にその編み目ができます。

表目	裏目	かけ目	ねじり目	ねじり目（裏目）
|	—	○		

右上2目一度	右上2目一度（裏目）	左上2目一度	左上2目一度（裏目）	中上3目一度
①編まずに右の針に移す／②表目を編む／②に①をかぶせる	編まずに1目ずつ右針に移し、左針に戻して2目を一度に裏目で編む	2目を一度に編む	裏目を2目一度に編む	①左上2目一度の要領で右の針に移す／②表目を編む／②に①をかぶせる

  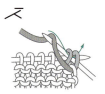 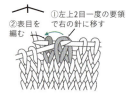

左上3目一度
3目を一度に編む

巻き目
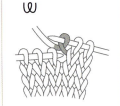

すべり目
目を編まずに右の針に移し編み糸を後ろに渡す
下の段の目が引き上がる

伏せ目
2目編み、2目めに1目めをかぶせる。次からは1目編み、右の目をかぶせる。裏目のときは裏目で伏せ止める

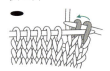

裏編みの記号の表し方
裏編みの記号は、記号の上に「―」がつきます

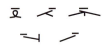

巻き増し目
左端で増す方法

左手に糸をかけ、右の針で矢印のようにすくい、左手の指を抜く

必要目数を作る

寄せ目
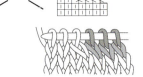

普通に表目で編んだ目が、減らし目または増し目で自然に傾いた目のこと

右上交差（2目）

別の針に2目とって手前側におき、次の2目を表目で編む

別の針の目を表目で編む

*目数が違う場合も同じ要領で編みます

左上交差（2目）

別の針に2目とって向こう側におき、次の2目を表目で編む

別の針の目を表目で編む

*目数が違う場合も同じ要領で編みます

ねじり目で増す方法
目と目の間の渡り糸をねじって増します。

右側

1　2　3

  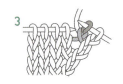

右端の目を表目で編み、1目めと2目めの間の渡り糸を右の針ですくい、ねじり目で編む。左側の場合も同様に編む

作り目

一般的な作り目

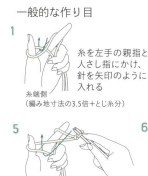
1 糸を左手の親指と人さし指にかけ、針を矢印のように入れる
糸端側（編み地寸法の3.5倍＋とじ糸分）

2 人さし指の糸を針にかけ、親指側にできている輪にくぐらせる

3 親指にかかっている糸をはずす

4 糸端側の糸を親指にかけて引く。これが端の1目となる

5 親指にかかった糸を矢印のようにすくいあげる

6 人さし指にかかった糸を針にかけながら、親指の糸の輪にくぐらせる

7 親指の糸をはずす

8 親指に糸をかけて軽く引きしめる。これが2目となる。5～8をくり返して必要目数を作る

9 でき上がり。これを1段めと数える。針を1本抜き、抜いた針で編み始める
糸端側

あとでほどく作り目

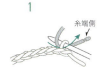
1 別糸で必要目数のくさり編みをし、裏側の山に針を入れて糸を引き出す
糸端側

2 1をくり返し、必要目数を拾う（1段めになる）

3 1段めが編めた状態

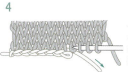
4 作り目のくさりをほどきながら、目を針にとる

作り目を輪にする方法

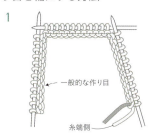
1 1本の針で必要目数の作り目をする。次に3本の針に分ける
一般的な作り目
糸端側

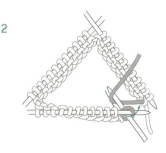
2 残りの針で最初の目を編み、輪に編んでいく
＊ねじれないように注意する

計算の見方

棒針の製図には、下図のようにそでぐりやえりぐりに減らし目の計算を入れています。数字は以下のように読みます。

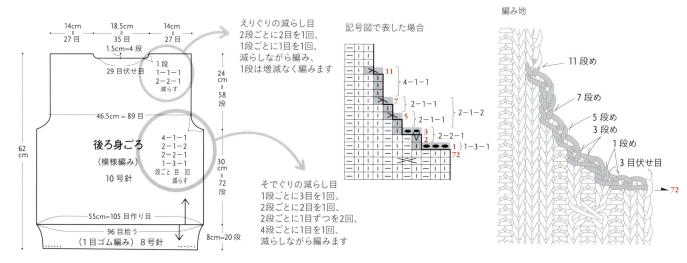

えりぐりの減らし目
2段ごとに2目を1回、
1段ごとに1目を1回、減らしながら編み、
1段は増減なく編みます

記号図で表した場合

編み地

そでぐりの減らし目
1段ごとに3目を1回、
2段ごとに2目を1回、
2段ごとに1目ずつを2回、
4段ごとに1目を1回、減らしながら編みます

減らし方

端で1目減らす方法

右側

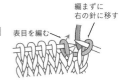 1 表目を編む / 編まずに右の針に移す
 2 かぶせる
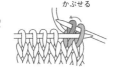 3

左側

 1
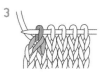 2 左端の2目を一度にすくう
3 2目を一度に編む

裏側で減らす場合

左の針を矢印のように入れ、目を入れかえて編む

端で2目以上減らす方法

右側

なめらかなカーブにする減らし方
角をはっきりさせる減らし方

1 表目を2目編む
2 1目めをかぶせる
3 次の目を編み、右の目をかぶせる
4 3をくり返す

5 3段め / 編まずに右の針に移す
1目めは編まずに右の針に移す。2目めを編んで右の目をかぶせる
 6 次の目を編む
 7 右の目をかぶせる
 8 なめらかなカーブ / 角がはっきりする

左側

なめらかなカーブにする減らし方
角をはっきりさせる減らし方

1 2段め 裏目を2目編む
2 1目めをかぶせる
3 次の目を編み、右の目をかぶせる
4 3をくり返す

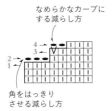

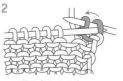

5 4段め / 編まずに右の針に移す
1目めは編まずに右の針に移す 2目めを編んで右の目にかぶせる
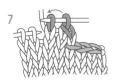 6 かぶせる / 次の目を編み、右の目をかぶせる
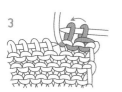
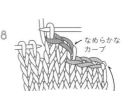 7
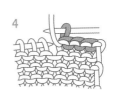 8 表側 / なめらかなカーブ / 角がはっきりする

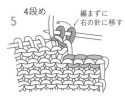

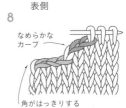

編み込み模様の編み方　裏に糸を渡す方法

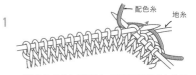 1 配色糸 / 地糸
配色糸を入れる段は、端の目を編むときに地糸に配色糸をはさみ込んでおくとよい。地糸を下にして配色糸で1目編む

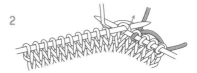 2 配色糸を上にして休ませ、地糸で編む

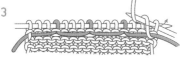 3 編み地の端まで配色糸を渡し、地糸にはさみ込む

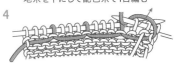 4 地糸を下にして休め、配色糸で編む

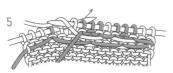 5 配色糸を上にして休ませ、地糸で編む

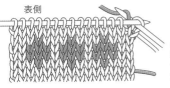 6 表側
糸をゆるめに渡し、編み地がつれないように注意する

ミトンの基礎

親指位置　別糸の編み込み方（図は6目の場合）

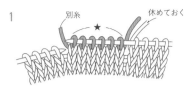

1. 指定の位置の手前で編んでいた糸を休め、別糸で指定の目数（★）を編む
2. 別糸で編んだ目を左の針に移し、別糸の上から続きを編む
3. 続けて編んでいく

親指の編み方

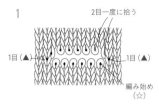  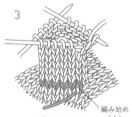 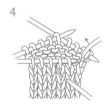

1. 別糸をほどき、上下から指の目数を3本の針に分けて拾う。糸をつけて1段目を編む。☆に糸をつけて1段目を編む
2. ▲の部分は左の針で拾い、右の針で矢印の方向にねじりながら、1目拾う
3. 2段目からは増減なく輪に編む
4. ミトンは最終段で2目一度をする
5. 糸を少し残して切り、残った目に糸を2回通して絞る

はぎととじの方法

引き抜きはぎ
編み地を中表に合わせ、かぎ針を使って引き抜き編みではぎ合わせます。編み地がつれないように、少しゆるめに引き抜きましょう。

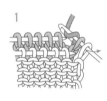 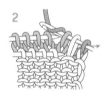 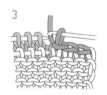

目と段のはぎ
普通ははぎ合わせる段数が目数より多いので、その差を等間隔に振り分け、ところどころで1目に対して2段すくいながら、平均的にはぎ合わせます。

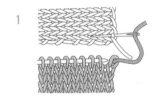 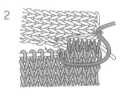

かぶせ引き抜きはぎ
編み地を中表に合わせ、かぎ針を使って向こう側の目を引き抜いてから引き抜き編みではぎ合わせます。

 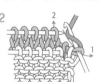  

向こう側の目を引き抜く

メリヤスはぎ

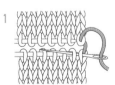 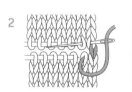

1. 編み地をつき合わせ、表側から手前側の目に針を入れる
2. 向こう側の目に針を入れ、目を作りながらはぎ合わせる

引き抜きとじ

編み地を中表に合わせ、端から1目と2目めの間に針を入れ、糸をかけてから引き抜く

すくいとじ

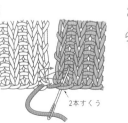 

2本すくう

残りの糸で、すそやそで口からとじ合わせます。

かぎ針編みの基礎

編み目記号と編み方

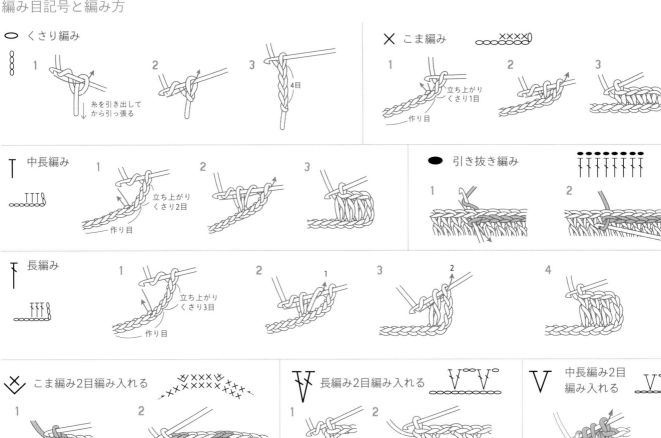

こま編み2目編み入れる
1　2
同じ目に
こま編みを2目編む

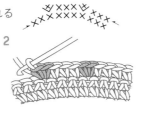
長編み2目編み入れる
1　2
同じ目に
長編みを2目編む

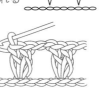
中長編み2目編み入れる
同じ目に
中長編みを2目編む

記号の見方

こま編み2目一度
1　2　3
こま編みと同様に糸を引き出し、次の目にも同様に糸を引き出す
針に糸をかけ、2目を一度に編む

根元がついている場合

前段の目に針を入れて編む

根元が離れている場合

前段のくさり編みのループをすくって編む
（束にすくうと言う）

長編み2目一度

未完成の長編みを2目編む
（図は1目め）

針に糸をかけ、2目を一度に編む

＊目数が違う場合も同じ要領で編みます

はぎ方　全目の巻きかがりはぎ

編み地を外表に合わせ、1目ずつ編み目の頭全部をすくって引きしめる

中長編み3目の玉編み

1 未完成の中長編みを3目編む（図は1目め）

2 同じ目に未完成の中長編みをもう1目編み、3目の高さをそろえ、一度に引き抜く

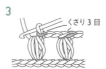
3 ＊目数が違う場合も、同じ要領で編みます

長編み3目の玉編み

1 未完成の長編みを3目編む（図は1目め）

2 針に糸をかけ、一度に引き抜く

3 くさり3目　＊目数が違う場合も同じ要領で編みます

長編み5目のパプコーン編み

1 同じところに長編みを5目編み入れる

2 針を抜き、矢印のように1目めから入れ直す

3 矢印のように目を引き出す

4 針に糸をかけ、くさり編みの要領で1目編む。この目が頭になる

くさり3目

長編み表引き上げ編み

1 針に糸をかけ、前段の柱を矢印のように表側からすくう

2 針に糸をかけ、前段の目や隣の目がつれないように長編みを編む

3

長編み裏引き上げ編み

針に糸をかけ、前段の目の柱を矢印のようにすくって長編みを編む

うね編み

1 前段の頭のくさり編みの向こう側の糸だけをすくう

2 こま編みを編む

3 毎段向きをかえて往復編みで編む。2段でひとつのうねができる

くさり3目のピコット

1 くさりを3目編む。矢印のようにこま編みの頭半目と足の糸1本をすくう　くさり3目

2 針に糸をかけ、全部の糸を一度にきつめに引き抜く

3 引き抜き編み目　でき上がり。次の目にこま編みを編む

糸端を輪にする方法

1

2

3 針に糸をかけ、矢印のように糸を引き出す

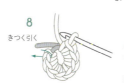
4 立ち上がりのくさり編みを編む

5 輪の中に編み入れる

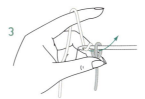
6

7 糸端の糸も一緒に編みくるむ

8 きつく引く

必要目数を編み入れ、糸端を引きしめる。1目めに矢印のように針を入れる

9 針に糸をかけ、引き抜く

10

BABY KNIT 103

STAFF

作品デザイン * 岡まり子　風工房　河合真弓
　　　　　　川路ゆみこ　すぎやまとも
　　　　　　野口智子　横山純子
ブックデザイン * 天野美保子
撮影 * 滝沢育絵 (カバー、口絵)
　　　中辻 渉 (キリヌキ)
スタイリング * 串尾広枝
トレース * 大楽里美 (day studio)　白くま工房
編集 * 佐藤周子　楠本美冴 (リトルバード)
編集デスク * 朝日新聞出版 生活・文化編集部 (森 香織)

MODEL * モデル

Evelynn R. (76cm)

Isla Langdon (83.5cm)

Oliver Cook (74cm)

Aiden Hilgart (60cm)

Reika M. (60.5cm)

special thanks
Blue Bear

肌触りのよい糸で編む
かわいい色の ベビーニット

編 著　朝日新聞出版
発行者　片桐圭子
発行所　朝日新聞出版
　　　　〒104-8011　東京都中央区築地5-3-2
　　　　（お問い合わせ）infojitsuyo@asahi.com
印刷所　図書印刷株式会社
©2017 Asahi Shimbun Publications Inc.
Published in Japan by Asahi Shimbun Publications Inc.
ISBN 978-4-02-333177-8

* 糸、材料
[ハマナカ株式会社]
京都本社
〒616-8585　京都市右京区花園薮ノ下町2番地の3
TEL 075-463-5151 (代表)
ハマナカコーポレートサイト
http://www.hamanaka.co.jp
info@hamanaka.co.jp

* 撮影協力
AWABEES
TEL 03-5786-1600

EASE PARIS
TEL 03-5759-8267

定価はカバーに表示してあります。
落丁・乱丁の場合は弊社業務部 (TEL 03-5540-7800) へご連絡ください。
送料弊社負担にてお取り替えいたします。

本書および本書の付属物を無断で複写、複製 (コピー)、引用することは
著作権法上の例外を除き禁じられています。また代行業者等の第三者に依頼して
スキャンやデジタル化することは、たとえ個人や家庭内の利用であっても一切認められておりません。

印刷物のため、作品の色は実際とは多少異なる場合があります。
＊材料の表記は2017年9月現在です。
＊本書に掲載している写真、作品、製図などを製品化し、ハンドメイドマーケットやSNS、オークションでの個人販売、ならびに実店舗、フリーマーケット、バザーなど営利目的で使用することはお控えください。個人で手作りを楽しむためのみにご使用ください。
◎お電話等での作り方に関するご質問はご遠慮申し上げます。